Will und Patrick:

Endlose Flitterwochen

von Leta Blake

Aus dem Englischen von Lena Seidel

Impressum
© dead soft verlag, Mettingen 2018
http://www.deadsoft.de

Titel der Originalausgabe:
Wills and Patricks Endless Honeymoon
Aus der Reihe Wake up Married

Übersetzung: Lena Seidel

Cover: Irene Repp
http://www.daylinart.webnode.com
Bildrechte:
© wavebreakmedia – shutterstock.com
© Efired – shutterstock.com

1. Auflage
ISBN 978-3-96089-273-1
ISBN 978-3-96089-274-8 (epub)

Inhalt

Der geniale Gehirnchirurg Patrick McCloud hat nie gedacht, sich zu verlieben, geschweige denn zu heiraten. Will Patterson und er sind mittlerweile zwei Jahre überfällig für ihre Hochzeitsreise, und obwohl Patrick nicht gerade der romantische Typ ist, möchte er diesen Trip perfekt machen.

Will arbeitet hart, um anderen zu helfen und mit seiner Familie klarzukommen, bei der nonstop Drama herrscht. Ein tropischer Urlaub ohne das übliche Trara ist genau das, was der Doktor verordnet hat. Aber kann Wills Familie sie in Ruhe lassen? Wenn man den Patterson-Molinaro-Clan kennt, ist das fraglich …

Will und Patrick: Endlose Flitterwochen von Leta Blake setzt die lustige, sexy Reihe „Überraschend …“ fort. In Healing, South Dakota, ist Ehe niemals langweilig!

Teil Eins

Kapitel 1

»Heilige Scheiße, wie kann es immer noch so gut sein?« Patrick keucht, seine Brust hebt sich, der Schweiß sammelt sich in seinem Bauchnabel und seine Leistengegend pocht vor Befriedigung.

»Keine Ahnung, aber ich beschwere mich sicher nicht darüber.« Will rollt sich auf den Ellbogen, um Patrick anzugrinsen. Seine dunklen Augen glühen zufrieden. »Du etwa?«

»Niemals.«

»Dachte ich mir.« Er lässt sich wieder auf den Rücken fallen. Patrick schnurrt glücklich und rollt sich in seine übliche Position, mit seiner Wange an Wills haariger Brust.

Nach ein paar glücklichen Momenten Erholung machen sie sich auf den Weg in ihr luxuriöses Badezimmer, um zu duschen. Patrick streicht mit den Händen über Wills Körper und hilft, ihn unter dem strömenden Wasser einzuseifen. Sie waschen die Beweise des Sexes weg, den sie gerade hatten, und Patrick verharrt an Wills festen Pobacken und kräftigen Bauchmuskeln, streicht mit den Fingerspitzen darüber und greift seinen Arsch.

»Ich war in letzter Zeit oft im Fitnessstudio«, flüstert Will, während er seine Eier und seinen Schwanz von der Seife befreit und dann auch Patricks abspült.

»Bist du fertig für unsere Reise?«

»Ich möchte für dich gut aussehen.«

»Du siehst immer gut aus«, sagt Patrick schulterzuckend. Er denkt an das Foto, das er in seinem Geldbeutel hat und aus Wills Zeiten als molliger, diabetischer Teenager mit einem Alkoholproblem stammt. Vermutlich spricht da nur die Liebe aus ihm, aber Patrick ist davon überzeugt, dass er den süßen, traurigen Teenager-Will in den Himmel gevögelt hätte.

»Und ich verstehe nicht, wie *du* immer so gut aussehen kannst«, sagt Will und streicht über Patricks drahtigen Körper. Dann gleiten seine Hände zu dem goldbraunen Busch und stupsen kitzelnd seine behaarten Eier an. »Du futterst enorm viel und doch …«

»Extrem starker Muskeltonus.« Patrick zuckt mit den Schultern. Sein Schwanz kribbelt vor neuem Interesse. »Ich bin damit geboren.«

»Unfair.«

»Wenn du weiter so mit meinen Eiern spielst, werde ich dir schon zeigen, wie fair ich sein kann.«

»Ja?« Wills Finger gleiten über Patricks Sack hinweg. »Auf welche Weise?«

»Auf die Weise, dass ich dir einen runterhole, während ich in deinen Arsch spritze.«

Wills Brust und Wangen sind rosig von ihrer vorherigen Runde und der Hitze der Dusche, aber zusätzlich überkommt ihn eine neue Welle frischer Lust. Er packt Patricks schlaffen Schwanz und pumpt ihn zu voller Größe auf. »Zeig es mir.«

Patrick greift nach dem kleinen Glas Kokosöl, das neben dem Shampoo steht. Will ist immer noch entspannt von dem vorherigen Fick, und nachdem er seinen Schwanz mit Öl bestrichen hat, ist es leicht für ihn, Will umzudrehen, ihn an die Wand zu drücken, seine Pobacken auseinanderzuspreizen und sich in sein enges Loch zu drängen. Will stöhnt und schiebt sich nach hinten, als Patrick in ihn rutscht. Es ist ein herrlicher Anblick. Das ist es immer. Er sieht, wie sein Schwanz in Will verschwindet, beobachtet, wie sich Wills Rücken vor Anstrengung rötet, nimmt die Gänsehaut wahr, die sich über seine Haut zieht, und hört die süßen, dringlichen Laute. Immer bereit, immer willig. Will ist so ein toller Fick.

Patrick packt Wills nasse Schultern und verfällt in einen harten Rhythmus. Das Wasser rinnt seinen Rücken und Arsch hinunter, was ein warmes, nasses Kompliment an Wills enges Loch ist, das seinen Schwanz umschließt. Er legt die Stirn an sein Schulterblatt und fickt ihn hart. Das Klatschen ihrer Körper hallt in ihrem Badezimmer wider und die Nässe fügt jedem festen Stoß ein kleines Stechen hinzu.

Er ist kein Kind mehr und hatte zuvor bereits einen Orgasmus. Es dauert nicht lange, bis er seinen nahenden Höhepunkt fühlt, die Anspannung und den baldigen Samenschwall. Er greift um Will herum, um sicherzustellen, dass er sein Versprechen einhält, zuerst Will kommen zu lassen. Wills harter Schwanz tropft vor Lust, als Patrick seine Prostata explodieren lässt, und er erschaudert heftig, als sich seine Hand grob um seinen Schwanz schließt. »Lass mich sehen, wie du die Fliesen bespritzt«, flüstert Patrick und rubbelt ihn hart und schnell, was Will dazu bringt, sich zu winden und sich noch fester nach hinten gegen seinen Schwanz zu schieben.

»Ja«, wimmert Will, während Patrick ihn bearbeitet. »Das ist … Oh!« Er erstarrt und drückt seinen Hintern zurück, nimmt Patricks Schwanz ganz in seinem weit geöffneten, hungrigen Loch auf. Dann zuckt er zusammen, sein Arsch verengt sich um Patrick herum und sein Schwanz wird immer heißer in dessen unnachgiebiger Hand. »Oh!«, äußert Will erneut, seine Hände gleiten Halt suchend über die nassen Fliesen. Seine Schultern zucken, als sein Schwanz Spermastreifen über die Badezimmerfliesen pumpt, während sein Loch Patricks schmerzenden Schwanz massiert.

»Gute Arbeit«, murmelt Patrick und fasst an Wills Eier, während er sich tief in ihn bohrt und seine Hüfte mit der anderen Hand packt. »Gute … Arbeit …« Er wirft seinen Kopf zurück und starrt an die weiße Decke, als ihn eine Lustwelle schüttelt und er in harten, süßen Intervallen in Will hineinspritzt. Stöhnend und den Höhepunkt seines Orgasmus auskostend, befühlt er sich überall grob und zärtlich zugleich. Sein Schwanz ist empfindlich in Wills immer noch zitterndem Körper eingeschlossen. Er küsst seine Schulterblätter und die sichtbaren Ausbuchtungen seiner Wirbelsäule, ehe er sein Gesicht an den Haaren in seinem Nacken reibt.

»Vorsichtig«, flüstert Will, als Patrick aus ihm rutscht. Sie sind beide wacklig und unsicher auf den Beinen. »Fall nicht hin.«

Patrick lacht leise, als er die Hand an die glatte Wand legt, um sich aufzurichten. »Puddin' Pop, dein süßer Hintern hat mir die Kraft geraubt.«

»Nein, nur deine Seele.« Will dreht sich um, um Patrick festzuhalten, obwohl er selbst zittert.

»Würde ich an Seelen glauben, würde ich glatt zustimmen.«

»Aber du glaubst an Astrologie.«

»Astrologie ist …«

»Schhh. Lass uns jetzt waschen.« Will gähnt unverhohlen und seine perlweißen Zähne schimmern in dem Licht, das von den Wänden reflektiert wird. Er spritzt Wasser auf die Samenschlieren, die an den Fliesen kleben, und Patrick ist unerklärlicherweise traurig, weil sie weggespült werden.

»Ablenkung. Das ist ganz klar Waage-Verhalten.«

»Mhm, ich weiß.« Will nimmt erneut die Seife und beißt sich auf die Unterlippe, als er sein Loch wäscht.

»Heb was von mir in dir auf«, sagt Patrick mit rauer Stimme. »Ich mag es, zu wissen, dass meine kleinen Jungs in deinem Darm verzweifelt nach einem Ei suchen, in das sie schlüpfen können.«

Will lacht und zieht ihn wieder unter den Duschstrahl zurück. »Lass mich dir helfen.« Das Wasser bleibt gleichmäßig warm, während er einmal mehr Patricks Schwanz einseift. Sie sind beide gelockert und zufrieden, als Will die Dusche abstellt und nach einem Handtuch greift.

Zurück im Schlafzimmer, holt Patrick Wills Insulinpumpe vom Nachttisch, öffnet die Kappe der Nadel und legt einen Messstreifen ein. »Teste«, sagt er und reicht ihm das Set. »Stell sicher, dass du keinen zusätzlichen Schuss brauchst.«

Will rollt mit den Augen, sticht aber mit dem Fühler in den Finger und zuckt mit den Schultern. »Alles gut.«

Patrick greift nach dem Gerät, um sich davon zu überzeugen. Er nickt beim Ablesen, gibt es ihm zurück, klettert ins Bett und zieht Will in ihre Lieblingsposition. Dann schmiegt er sich an sein Lieblingspelzkissen und schließt die Augen, bereit, für ein paar Stunden einzuschlafen, bevor er früh aufstehen muss, um zu operieren. Er ist mehr als zufrieden. Er ist glücklich. Will und er sind etwas über zwei Jahre zusammen, aber Glück ist für ihn immer noch eine ziemlich neue Emotion. Deshalb suhlt er sich bei jeder Gelegenheit beinahe aggressiv darin, verwöhnt Will mit Vergnügen und ist für alles dankbar. Er ist froh, dass niemand seine grässlich sentimentalen Gedanken hören kann.

»Ich liebe dich«, flüstert Will.

Patricks Herz verkrampft sich vor Freude und er streicht mit der Wange über sein Brusthaar. »Gut.«

»Nur gut? Willst du nicht, ich weiß nicht, diese Erklärung erwidern?«

»Du weißt doch, wie ich empfinde.« Er schnauft. »Ich habe dich geheiratet, oder? Zweimal. Nur um zu beweisen, dass ich es beim ersten Mal auch so meinte.«

Will lacht.

Der Klang ist vertraut in dem warmen, weichen Kokon ihres Bettes, das nur vom gelben Licht der Nachttischlampen erhellt wird. Patrick ist kein allzu sentimentaler Mann, aber er streckt die Hand aus, um das medizinische ID-Armband an Wills Handgelenk zu betasten, das er ihm an ihrem ersten Weihnachten geschenkt hat, und lächelt sanft. »Na schön. Ich liebe dich«, flüstert er. »Auch wenn du das inzwischen wissen solltest.«

»Oh, ich weiß es.«

Will küsst Patricks Kopf und es ist süß und perfekt. Ihre warmen, nackten Körper schmiegen sich aneinander, und alles, was sie tun müssen, ist, das Licht auszuschalten und wegzudriften. Leider wählt sein Handy genau diesen Moment, um zu vibrieren. Und, schlimmer noch, mit einem ganz bestimmten Klingelton: Drakes *Bitch Is Crazy*.

Will stöhnt. »Ich dachte, ich hätte dir gesagt, dass du das ändern sollst.«

»Und ich habe dich ignoriert.«

Will nimmt sein eigenes Handy vom Nachttisch, das normalerweise ab neun Uhr abends auf stumm geschaltet ist, um ein Familiendrama zu vermeiden. Zu dumm, dass der gesamte Patterson-Molinaro-Clan jetzt Patricks Telefonnummer hat. Keiner von ihnen scheut sich, sie auch zu benutzen. Und Patrick ist Neurochirurg, also kann er sein Handy nicht wie Will einfach ausschalten. »Drei verpasste Anrufe von ihr. Es ist fast Mitternacht. Was könnte sie wollen?«

Patrick rollt sich von ihm runter, ehe er ihm sein vibrierendes, Drakemusik spielendes iPhone reicht. »*Du* gehst ran. Sie ist deine Mutter.«

Will setzt sich auf und zieht an der Decke, um sich zu bedecken, als ob Kimberley ihn irgendwie sehen könnte. »Mom, es ist spät.«

Patrick kann Kimberleys Stimme klar wie eine Glocke von seiner Seite des Bettes aus hören. Entweder spricht sie laut oder aber er muss die Lautstärke an seinem Handy einstellen. Trotzdem ist sie nervig. Er vermisst die Perfektion von vor wenigen Sekunden.

»William Patterson, rede nicht in diesem Ton mit mir. Das ist ein Notfall!«

Wills Atem beschleunigt sich und er setzt sich noch gerader hin. »Ist es Connor? Olivia? Bist du im Krankenhaus?«

»Es ist Caitlin«, stöhnt sie.

»Was ist passiert?« Er beginnt aufzustehen, doch Patrick zerrt ihn zurück ins Bett und schüttelt den Kopf. »Muss ich kommen?«

Nun, da sie Will da hat, wo sie ihn haben wollte, reduziert Kimberley ihre gespielte Angst auf Seifenopernniveau. »Sie geht morgen aufs College. *Morgen*! Was werde ich ohne sie tun?«

Will reibt sich die Augen. »Mom, wir können uns morgen bei Brown Gargle beim Kaffee unterhalten. Wir treffen uns um halb neun, okay?«

»Nein, es ist *nicht* okay, Will!«

Patrick hasst Kimberley manchmal. Sie weiß immer, wie sie Will in die Ecke treiben kann. Er tippt mit den Fingern gegen die Handyhülle und hört zu, während Will versucht sie zu beruhigen.

»Ich weiß, es ist schwer, uns Kinder loszulassen. Aber es ist Teil des Kreislaufs des …«

»Es verkompliziert alles, Baby. Wer wird auf Connor nach der Schule aufpassen? Wer wird Olivia zu ihrem Klavierunterricht bringen?«

Patrick rollt mit den Augen.

Will atmet langsam und tief ein und aus; offensichtlich müht er sich um Geduld. »Olivia hasst das Klavierspielen, Mom. Lass sie aufhören.«

»Olivia muss lernen, ein Instrument zu spielen.«

»Warum?«

»Weil ihr die Disziplin im Leben fehlt.«

»Warte, was?« Seine Nasenlöcher beben. »*Du* sprichst von Disziplin?«

»Ja, das mache ich!« Sie ist jetzt richtig in Fahrt. »Warum sollte sie es nicht lernen? Patrick spielt Klavier und sieh, wo er im Leben steht. Er ist Neurochirurg.«

Patrick verdreht abermals die Augen. Nach all der Zeit bekommt er von seiner Schwiegermutter endlich die Anerkennung, dass er ein verdammt guter, ehrfurchtgebietender Öffne-den-Schädel-Arzt ist, aber dieses Gespräch muss im Keim erstickt werden. Er stupst Wills Bein an und schüttelt den Kopf. »Das geht am Thema vorbei.«

Will seufzt und müht sich um eine festere Stimme. »Mom, wir können und werden diese Probleme lösen, okay? Zusammen. Aber nicht jetzt. Patrick hat Morgen früh eine Operation und du hast uns aufgeweckt.«

Kimberly heult. »Will, wie soll ich heute Abend Ruhe finden, wenn ich nicht sicher bin, wie ich es schaffen soll …?«

Patrick schnaubt und reißt ihm das Handy aus der Hand. »Gute Nacht, Kimberley. Ruf nicht mehr an. Deine krankhafte Krise kann warten.« Er beendet den Anruf und blockiert schnell ihre Nummer. Am Morgen wird er sie wieder freischalten, dann können sie ihren Zorn aushalten, oder ignorieren. Wie auch immer. Es gibt viele Tage, an denen er sich wünscht, mit Kimberly Patterson für immer fertig zu sein, aber Will und seine Familie gehören nun mal zusammen. »So. Erledigt.« Patrick legt sein Handy zurück auf den Nachttisch. »Jetzt ist Schlafenszeit.«

Wills Lippen bewegen sich krampfhaft, und Patrick nimmt an, dass er ihm gleich an den Kopf werfen wird, was für ein Arschloch er ist. Stattdessen bricht er in Gelächter aus. »Echt, sie ist unmöglich.«

»Wenn das *alles* wäre ... Leider ist sie durchaus möglich. Der Beweis wird täglich erbracht.«

Will stöhnt. »Ich kann unsere Hochzeitsreise nächste Woche kaum erwarten. Wir haben sie zu lange verschoben. Ich liebe meine Familie, wirklich, aber es wird gut sein, von ihnen wegzukommen. Sehr weit weg hoffentlich.«

»Wir könnten für immer von ihr wegkommen, wenn du ihr endlich widersprichst.« Patrick ignoriert seinen subtilen Versuch, Informationen zu ihrer Reise zu erfahren, und drückt Will zurück in die Kissen. »Ich bin müde. Sei mein Kissen.«

Er öffnet die Arme und Patrick kuschelt sich eng an ihn. »Du würdest Healing nie verlassen, Patrick. Du liebst dein Team und Jenny und Dylan. Und meine Familie.«

»Ich liebe die Kinder. Aber deine Mutter? Nicht wirklich.« Patrick küsst seine Brust und schließt die Augen. »Schlaf jetzt.«

Will schaltet das Licht auf dem Nachttisch aus und streichelt leicht über Patricks Schulter. Das Pochen seines Herzens und das Flüstern seines Atems begleiten ihn in seine Träume.

Und ehe er sich's versieht, geht der Alarm los und er befindet sich wieder in der Wirklichkeit. Er springt aus dem Bett, um einen weiteren Tag als Superheldenneurochirurg in Healing, South Dakota, in Angriff zu nehmen, während sich sein sexy Partner für seinen Tag der dynamischen Hilfestellung anzieht.

Ihre Leben sind hektisch, aber in Patricks Augen großartig. Er würde nichts daran ändern wollen. Zumindest nicht viel.

Kapitel 2

Trotz des fantastischen Gutenachtsexes, der vollen sechs Stunden Schlaf und dem generellen Vergnügen an seiner üblichen morgendlichen Routine mit Patrick, betritt Will *Brown Gargle* mit hinter seinen Augen aufflammenden Kopfschmerzen. Sein normalerweise bequemes blaues Button-up-Hemd fühlt sich kratzig an und seine neuen Lederschuhe scheinen eine Nummer zu klein zu sein. Auch seine Brust fühlt sich eng an.

Obwohl sie sich die letzten Jahre oft getroffen haben, kommt Wills Mutter mit Patricks schroffer Seite nicht klar. Trotz dem er ihr erklärt hat, dass Patrick eine Form von Autismus hat und nicht immer die Nuancen des sozialen Zusammenspiels versteht, scheint sie es nicht begreifen zu wollen. Bisher tut sie seine Erklärungen immer als Ausreden ab. Wills Meinung nach lässt aber auch das Sozialverhalten seiner Mutter zu wünschen übrig. Allerdings sieht sie sich nie so, wie Will es tut, und er kann es ihr nicht erklären, ohne dass ein zwischen ihnen aufbrausender Tsunami ihre Beziehung bedroht. Also kann er nur lächeln und es aushalten. Wieder einmal.

Er streicht sich mit der Hand durch die Haare und atmet zur Beruhigung tief ein. Was immer sie ihm zu sagen hat, es wird okay sein. Patrick wird am Abend zu Hause auf ihn warten, und ganz egal welchen Grad an Verrücktheit seine Mutter jetzt wieder aufweist, es wird *ihnen* gut gehen. Er wünscht sich nur, dass er das von seinen Kopfschmerzen auch behaupten kann.

Will überprüft sein Blutzuckermessgerät und erhält ein gutes Ergebnis. Also liegt es wahrscheinlich nicht an Glucosemangel und seine Pumpe arbeitet ordentlich. Seine Kopfschmerzen kommen vom Stress und werden nicht aufhören, bis er dem Griff seiner Mutter für heute entkommt.

Jax Taken Alive steht hinter dem Tresen und sieht ein wenig müde und grimmig aus. Seine dunklen Haare haben einen hippen, rockstarartigen Schnitt, aber in seinem Ausdruck liegt eine Anspannung, die normalerweise nicht da ist. Es scheint nicht sein Morgen zu sein oder aber Jenny und er streiten sich wieder.

»Hey, Mann«, sagt Will und zieht seine Brieftasche hervor, um den großen Becher Kaffee zu bezahlen, den Jax bereits füllt. »Kann ich auch einen Donut haben?«

»Sicher. Kommt Patrick auch oder bist du allein?«, fragt Jax und zeigt auf die Tassen, die er üblicherweise benutzt, um Patrick eine Calamalatte Jane zu machen.

»Nur ich.« Will lächelt und stopft einen Dollar in das Trinkgeldglas. »Bist du okay? Du siehst …« Er wischt mit der Hand über sein eigenes Gesicht und verstummt.

»Das Übliche.« Jax zuckt mit den Schultern, holt den Donut aus der Vitrine und schiebt ihn in eine kleine Tüte zum Mitnehmen, ohne Will zu fragen, ob er bleibt oder geht. »Sie wird den Altersunterschied irgendwann akzeptieren müssen.«

»Ja«, stimmt Will zu und nimmt ohne Protest die Tüte und den Becher. »Es ist ja nicht so, als könntest du etwas dagegen tun.«

Das geht nun bereits zwei Jahre so. Will versteht nicht, warum Jenny sich nicht endlich von dem Problem oder von Jax trennt. Allmählich muss sie eine Wahl treffen. Es ist grausam, Jax weiter so zu quälen.

Jax beugt sich vor. »Ich will etwas dagegen tun.«

»Aha? Und was?«

»Ich erzähle das nicht vielen, also behalt es bitte für dich, aber ich handle gerade einen Vertrag mit Old Man Hart aus, um ihm den Laden komplett abzukaufen.«

»Wow, also will er das Geschäft verlassen?«

»Er will sich nach Cali zurückziehen, um in der Nähe seiner Enkel zu sein. Und ich möchte Jenny überreden, mich zu heiraten. Den Laden zu kaufen, ist ein guter erster Schritt, um ihr zu zeigen, dass ich kein Kind bin.«

»Du bist älter als ich. Warum glaubt sie, du wärst ein Kind?«

Jax hebt seine dunkle Braue. »Du hast ein lukratives Geschäft. Ich bin nur Barista.«

»Du bist nicht nur ein Barista. Du schmeißt den Laden hier. Old Man Hart ist nie da. Du führst ihn.«

Er zuckt mit den Schultern. »In Jennys Augen bin ich immer noch der kindliche Barista, in den sie sich verknallt hat und mit dem sie irgendwie im Bett gelandet ist. Sie sagt mir nicht einmal, dass sie mich liebt.«

»Was?« Das klingt absurd. Jenny hat damals wesentlich dazu beigetragen, dass Patrick seine Gefühle für Will akzeptiert hat und dazu steht, und sie hat Will verprügeln wollen, als er es nicht auf die Reihe bekommen hat, seine Gefühle so auszudrücken, dass Patricks Herz nicht bricht. Jetzt stellt sich heraus, dass sie ein ebenso zurückhaltender Idiot ist, was ihr Herz betrifft. Er fragt sich, was Patrick dazu sagen würde.

Jax zuckt mit den Schultern. »Altlasten. Von Tom.«

»Das Einzige, wofür Tom gut war, war, Dylan zu zeugen«, sagt er, nippt an seinem Kaffee und schaut sich um, ob seine Mutter schon irgendwo im Laden steht und ungeduldig darauf wartet, ihn mit Schuldgefühlen zu überschütten. »Jenny ist ohne diesen Typen in jeder Hinsicht besser dran. Es ist gut, dass er gegangen ist.«

Jax' dunkle Augenbrauen ziehen sich noch weiter zusammen. »Er hat sie wieder angerufen.«

»Nicht dein Ernst.«

»Er will Dylan sehen.«

»Wow.« Dylan ist inzwischen drei Jahre alt und Tom hatte vorher kein Interesse an ihm. »Was wird sie tun?«

Die Türglocke hinter ihm klingelt und Jax tritt vom Tresen zurück, als er sieht, wer hereinkommt. »Das musst du Jenny fragen. Deine Kaffeeverabredung ist eingetroffen, schätze ich. Ich mache ihr ihren Americano West und bringe ihn euch dann.«

»William Patterson.« Die Stimme seiner Mutter ist gleichzeitig keifend und schmerzerfüllt.

Er seufzt und dreht sich um. Sein Kopf pocht wieder. »Mom. Hey, hast du gut geschlafen?«

»Ganz sicher nicht.« Die lilafarbene Seide ihres Sommerkleids betont ihr Dekolleté und ihre Hüften. Ihr Make-up schmeichelt ihr und ihr langes blondes Haar ist an den Spitzen nach innen geföhnt. Die Cowboystiefel sind das einzige Anzeichen, dass sie jeden Tag in einer Sattlerei arbeitet und eine ausgezeichnete Reiterin ist.

»Es tut mir leid, dass du nicht gut geschlafen hast. Hab ich auch nicht, nachdem ich heute Morgen mit fiesen Kopfschmerzen aufgewacht bin.«

»Hast du deine Werte überprüft?«, fragt sie und ihre Augen weiten sich besorgt.

»Na sicher. Die passen. Mir geht's gut.« Er lächelt und greift nach ihrem Ellbogen. »Komm, lass uns hinsetzen. Jax hat dich kommen sehen und bringt dir gleich deinen üblichen Kaffee.«

»Und ich hätte auch gerne einen Honigriegel«, ruft sie über ihre Schulter, während Will einen kleinen Tisch in der Nähe der Fenster ansteuert.

»Ja, Ma'am«, antwortet Jax mit einem Nicken, aber ohne das nette, kokette Grinsen, mit dem er normalerweise hübsche Kundinnen bedenkt.

Will macht sich eine geistige Notiz, später mit ihm über Jenny zu reden oder Patrick auszuquetschen, um zu schauen, was er weiß. Die Tatsache, dass Tom wieder aufgetaucht ist, ist eine Komplikation, die Jax nicht braucht. Will fühlt mit ihm, aber Jenny ist Patricks beste Freundin, und wenn die Dinge jemals wirklich auseinanderbrechen, dann weiß er, auf welcher Seite er stehen muss, um den Frieden in seinem eigenen Leben zu wahren. Nicht, dass Patrick Jenny nicht sagen würde, sie sei ein Arschloch, wenn er denkt, sie wäre nicht fair. Aber am Ende sind Patrick und Jenny dicke Freunde, auch wenn Jax und Jenny es nicht sind. Will weiß das.

Jax weiß das. Die ganze Welt weiß das. Verdammt, selbst Kimberley weiß es wahrscheinlich.

Apropos, seine Mutter putzt sich die Nase und sieht beleidigt aus. Er muss sich jetzt um sie kümmern. »Also, du machst dir Sorgen, dass Caitlin aufs College geht?« Er wird nach der Arbeit bei ihnen vorbeikommen, um sich von seiner Schwester zu verabschieden und sicherzustellen, dass Caitlin weiß, dass er jederzeit für sie da ist.

»Letzte Nacht war es dir auch nicht wichtig, warum willst du jetzt darüber reden?« Sie blinzelt ihn wütend an. Bis jetzt wusste er nicht, dass jemand so etwas kann.

Um etwas mehr Zeit für die Antwort zu haben, beißt er von seinem Gelee-Donut ab und kaut langsam.

Sie sieht ihn einen langen Moment an und sagt schließlich: »Es ist immer noch komisch, dich essen zu sehen, ohne dir vorher eine Spritze zu geben.«

Will lächelt und wischt seine Finger an der Serviette ab. »Für mich auch, aber es ist eine gute Veränderung.« Manchmal wünscht er sich, weiter Insulin zu spritzen, aber Patrick will den neuesten Sensor und die Pumpe, die als *erste künstliche Bauchspeicheldrüse* bezeichnet wird, ausprobieren. Obwohl es bislang keine Fehlfunktionen gibt, kann Will die gelegentlichen paranoiden Gedanken nicht unterdrücken, dass der Sensor, vor allem nach hartem Sex oder einem Ausritt, verschoben sein könnte und das Gerät möglicherweise nicht die richtigen Insulinwerte erhält. Aber Patrick ist gewissenhaft bei der Überprüfung der Sensor- und Injektionsstellen, morgens und abends, und es gab nie einen Zwischenfall. Also macht Will mit der Pumpe weiter. Sie ist in vielerlei Hinsicht befreiend: Er kann leichter verreisen und ohne den nervigen Test essen. Noch wichtiger ist, dass er neun Monate ohne einen A1C verbracht hat, der höher als sechs ist, was auf lange Sicht eine bessere Gesundheit bedeutet. Patrick liebt es, dass er die Messwerte auf seinem Handy überprüfen kann, und bekommt Warnungen bei jedem großen Anstieg oder Abfall von Wills Blutzucker. Dennoch vermisst Will die Kontrolle durch die Teststreifen und darüber, wie viel Insulin in seinen Körper gelangt. Will setzt bei dem Gespräch erneut an. »Wegen Caitlin.«

»Was ist mit ihr?«

»Mom.«

Kimberley streicht sich die Haare hinter die Ohren und knurrt: »Er hat gesagt, ich sei geisteskrank.«

Sie spricht Patricks Namen nicht aus, also ist sie immer noch wütend. Zumindest nennt sie ihn nicht *diesen Doktor* oder *diesen Mann*, wie sie es getan hat, als sie frisch verheiratet waren.

»Nein, Patrick hat gesagt, deine Krise sei krankhaft.«

Sie verengt die Augen. »Du verteidigst ihn immer. Ich bin deine Mutter. Du könntest ein Mal zu mir halten.«

»Es war spät. Er war müde und hat heute Morgen eine wichtige Operation.« Er will es unbedingt hinter sich haben, damit er mit gutem Gewissen auf die Hochzeitsreise gehen kann. »Ehrlich, das Gespräch konnte warten. Die Welt ist nicht untergegangen.«

Sie hebt ihre sorgfältig geformte Braue. »Du verteidigst ihn schon wieder und spielst meine Sorgen herunter.«

Schuld kriecht durch Will. Hat er sie unfair behandelt? Caitlin zieht sehr weit weg, und obwohl die beiden seit Jahren ein prekäres Verhältnis zueinander haben, wird Kimberley mit Sicherheit die Qualen spüren, die jede Mutter empfindet, wenn ihre Kinder erwachsen werden und das Nest verlassen.

Jax stellt Kimberleys Bestellung vor sie auf den Tisch und sie drückt ihm einen Zwanziger in die Hand. »Behalt den Rest, Darling«, sagt sie mit einem Lächeln, das Wills Nackenhaare sträubt.

»Er ist Jenny Burgers Freund«, sagt er warnend, als Jax wieder hinter dem Tresen steht.

»Er ist nicht ihr Ehemann.«

Will atmet tief durch. Jax ist ein großer Junge und kann jegliche Avancen, die Kimberly macht, abwehren. Wahrscheinlich. Es ist einfach nur ärgerlich zu sehen, dass seine Mutter wieder in ihrer gewohnten Art das macht, was sie eigentlich nicht will: Eine unpassende Liebesbeziehung mit dem erstbesten hübschen Mann eingehen, der ihr ins Auge fällt. »Mom, ich muss bald zur Arbeit. Können wir jetzt über Caitlin reden?«

Kimberlys Augen wenden sich von Jax‘ knackigem Arsch ab und konzentrieren sich wieder auf Will. »Warum kann sie nicht wie du an die Universität von South Dakota gehen? Vermillion ist zu weit weg, aber wenigstens kann sie schnell nach Hause kommen, wenn es einen Notfall gibt.«

»Weil sie das Fashion-Merchandising-Programm in Colorado in den letzten anderthalb Jahren ins Herz geschlossen hat. Dafür hat sie gearbeitet, darum hat sie mit Scott Tale Schluss gemacht und sich in der Schule so angestrengt. Sie hat herausgefunden, was sie will, und sie wird sich nicht davon abbringen lassen. Du solltest stolz auf sie sein. Ich jedenfalls bin es.«

»Sie hätte niemals weggehen können, wenn du nicht dafür zahlen würdest«, meint sie anklagend.

»So, wie Nonna nicht zahlen würde, wenn ich es nicht täte?« Caitlin ist nicht Nonnas leibliche Enkelin, aber sie liebt sie, als wäre sie ihre.

»Weil sie deine Schwester ist und Eleanora weiß, dass du Caitlin liebst.«

Viele Jahre lang wäre *lieben* eine absolute Übertreibung gewesen. Caitlin war während ihrer Pubertät und eine Weile danach die reinste Pest, aber jetzt hat sie das hinter sich gelassen und wird erwachsen. Tatsächlich kann Will manchmal die Frau sehen, die sie sein wird, und diese Vision lässt sein Herz höher schlagen.

»Du warst immer ihr Lieblingsenkelkind. Sie ignoriert alle anderen.«

Will seufzt. Offensichtlich hat er heute bei seiner Mutter keinen Erfolg. Bei keinem Thema. Also beißt er erneut von seinem Donut ab und nippt an seinem Kaffee, dankbar, dass seine Kopfschmerzen nachlassen.

Kimberly trinkt einen kleinen Schluck von ihrem Kaffee und sagt dann geradeheraus: »Es hat mir nicht gefallen, dass mich Patrick gestern Abend so kaltherzig abgewimmelt hat.«

»So ist Patrick, Mom.«

»Er ist ein intelligenter Mann, der charmant sein kann, wenn er es sein will, denn er hat es geschafft, dich mit Leib und Seele für sich zu gewinnen, aber er hat anscheinend keine Lust, diesen Zauber auf mich auszudehnen.«

Charmant ist nicht immer das richtige Wort für Patrick, aber für Will ist das kein Argument. Leute, die Patrick mögen und die Patrick mag, akzeptieren ihn so, wie er ist, auch weil er sich weiterentwickelt. Das ist einer der Züge, die Will am liebsten an ihm mag. »Wir hatten diese Unterhaltung bereits und sie lief auch nicht gut.« Er lächelt angespannt. »Können wir uns auf Caitlin konzentrieren? Gestern Nacht schienst du zu glauben, dass ihre Abreise eine nationale Krise auslöst.«

»Es *ist* eine Krise, Will. Vor allem wenn du mit Patrick bald in diesen lächerlich genussvollen Urlaub fährst.«

»Du weißt, dass du hier über unsere Flitterwochen redest?«

»Das sind keine Flitterwochen, Baby«, sagt sie mit einem frostigen Batzen herablassender Kritik. »Du bist seit gut zwei Jahren verheiratet.« Sie nippt an ihrem Kaffee und rollt mit den Augen.

»Genau. Wir haben es lange genug aufgeschoben.«

Kimberly streicht mit den Fingern durch ihr blondes Haar. »Diese Flitterwochen helfen deiner Schwester nicht, zu ihren Footballspielen oder Klavierstunden zu kommen, und sie helfen Connor nicht, von der Schule auf die Farm zu kommen, und sie helfen *mir* nicht bei …«

»Ich habe verstanden, Mom. Es kotzt dich an, dass Caitlin und ich nicht auf Abruf bereitstehen.« Er streckt die Hand aus und drückt sanft ihre kühlen Finger. »Aber ich glaube an dich. Du schaffst das auch ohne uns.«

Sie zieht ihre Hand zurück. »Sei nicht so herablassend zu deiner Mutter.«

Will ignoriert das und spricht ruhig weiter. »Außerdem werden Patrick und ich nur zehn Tage weg sein. Wenn wir zurückkommen, werden wir die Kinder für eine Woche versorgen.« Er runzelt die Stirn. Warum hat er ihr das angeboten? Er macht nichts falsch, weil er mit seinem Ehemann in die Flitterwochen fährt, und doch vermittelt seine Mutter ihm das Gefühl, dass er das nicht verdient hat und es wiedergutmachen muss. Nicht, dass es Patrick etwas ausmachen würde, Olivia und Connor eine Weile im Haus zu haben, aber er wird erklären müssen, wie es dazu gekommen ist. Er seufzt. Wird er je seinen instinktiven Reaktionen auf die Manipulationen seiner Mutter entrinnen können?

»Das wird hilfreich sein.« Kimberlys Miene hellt sich ein wenig auf. »In der Zwischenzeit bin ich mir nicht sicher, was ich mit ihnen machen soll. Jemand muss den Laden führen. Seit Jason gekündigt hat, hatte ich keine guten Angestellten mehr.«

Will beißt mit den Zähnen aufeinander. Jason Kirkpatrick war der letzte On-Off-Freund seiner Mutter. Als Tony Molinaro, Wills Vater, zurückgekommen ist, um Kimberly auf zahlreiche und verschiedene Arten und an allzu öffentlichen Orten zu vernaschen, hat Jason beschlossen, Kimberly endgültig in den Wind zu schießen. Da Kimberly ihn zum vierten Mal betrogen hat, hat er sowohl seinen Job als Leiter des Shops als auch seine Wohnung gekündigt und ist nach Idaho gezogen, um eine Arbeit auf einer Ranch anzunehmen. Will hat Jason nie gemocht, aber er hasst, was seine Mutter Männern antut. »Es gab gute Gründe, warum er gekündigt hat.«

Sie winkt ab. »Ich bin nicht in der Stimmung für einen deiner Vorträge über Sucht oder deinen Vater und mich.«

»Es ist nicht so, dass ich nichts über Sucht weiß, Mom.«

»Und wie geht's dir so damit? Wie viele Monate bist du nüchtern?«

Will zuckt zusammen. Sie weiß, dass es seit der Nacht ist, als er und Patrick zum ersten Mal geheiratet haben. Ihre gereizte Frage bedarf also keiner Antwort. »Wie auch immer. Wegen dem Shop. Ich bin mir sicher, dass du eine gute Aushilfe finden könntest, wenn du eine Stellenanzeige aufgeben würdest.«

Sie zuckt mit den Schultern und nippt wieder an ihrem Kaffee. »Vielleicht. Das wird meine Probleme nicht vollständig lösen, wenn Caitlin weg ist und du in …« Ihre Augen funkeln vor Neugier. »Wohin fährst du in diese Flitterwochen?«

»Das ist ein Geheimnis.«

»Ach, stimmt ja. Ein Geheimnis vor deiner eigenen Mutter.«

Eigentlich ist es ein Geheimnis vor *ihm*. Patrick hat die ganze Sache geplant, wahrscheinlich mit Jennys Hilfe.

Will kennt ihr Reiseziel nicht. Er hofft, dass es irgendwo ist, wo es warm ist, aber ansonsten freut er sich darauf, zu sehen, wie Patricks Vorstellung einer Hochzeitsreise aussieht.

»Mom, wir werden zehn Tage weg sein. Du wirst es schaffen. Reba wird dir helfen, und ich bin mir sicher, dass du Kevin dazu bringen kannst, ein bisschen mehr zu machen. Ich weiß, dass er nach Oma Betty noch eine Haushälterin hat …« Er verstummt. Den Tod seiner Großmutter erwähnt er Kimberly gegenüber nicht gern. Damit setzt er nämlich eine Reihe weiterer Tiraden darüber in Gang, wie einsam sie ist und dass sie eine Waise ist, die nur noch ihren Bruder und vier undankbare Kinder hat, die sich jetzt um sie kümmern sollten.

»Du sagst das so einfach, aber du hast keine Ahnung, wie sehr Caitlins Weggang unser Leben verändern wird.«

»Und wie lange weißt du schon, dass sie nach Colorado zieht? Du hattest genug Zeit, dich darauf einzustellen. Heuere ein Kindermädchen an. Wenn die Kosten zu hoch sind, helfe ich dir. Das ist kein Problem.«

»Ein Kindermädchen! Du willst deine Geschwister zu einem Fremden abschieben?«

Will reibt sich über das Gesicht, sein Handy vibriert in seiner Tasche. Er schaut auf das Display, nur um zu sehen, dass sein Blutzucker angestiegen ist und die Pumpe zusätzliches Insulin in seinen Körper schickt.

»Wer schreibt dir SMS?«, fragt Kimberly.

»Es ist nichts. Niemand.« Er schiebt das Handy zurück in seine Tasche. »Wir leben in Healing, Mom. Hier gibt es keine Fremden. Engagier ein Kindermädchen. Nur für ein paar Monate. Wenn wir sie nicht mögen, verlängern wir ihren Vertrag nicht.«

Sie starrt ihn lange an. »Wir müssten eine gründliche Hintergrundüberprüfung durchführen lassen und …«

Will lächelt. »Ich werde Nonna damit beauftragen. Du wirst jemanden haben, ehe Patrick und ich in die Flitterwochen fahren. Ich verspreche es.«

Sie entspannt sich wie ein Kind, das endlich ihren Willen durchgesetzt hat, und isst vergnügt ihren Donut. Krise abgewendet.

Will jedoch hat keine Lust mehr auf Essen und nippt einfach nur an seinem Kaffee. Dabei plaudert er mit ihr über die kürzliche Lieferung von zwei Pferden auf der Farm. Er weiß, dass Kevin mit dem Hengst arbeitet.

»Was hast du für den Rest des Tages vor?«, möchte er wissen.

»Ich muss in den Laden«, erwidert seine Mutter und blickt auf ihr Handy. »Und dann muss ich auf die Farm, um mit Kevin über diese neuen Pferde zu reden. Was steht auf *deiner* Agenda?«

»Ich will heute Morgen noch zu Good Works und dann habe ich noch einen Termin.« Er verrät nicht, dass er sich dabei mit Caitlin im Haus trifft, weil er weiß, dass ihre Mutter vorbeikommen würde, wenn sie davon wüsste.

»Vergiss nicht, deiner Schwester Lebewohl zu sagen. Sie klingt, als würde sie nie wieder nach Hause kommen wollen.« Kimberlys Augen werden feucht, aber sie steht entschlossen auf und küsst Wills Wange. »Einen schönen Tag, Baby. Richte Patrick liebe Grüße aus.«

Will sieht zu, wie sie verschwindet, und ist dabei wie immer verwirrt über den raschen Sinneswandel wegen Patrick. Er sammelt seine Sachen zusammen, winkt Jax zu und tritt raus in den warmen, späten Augustmorgen.

Kapitel 3

»Hast du einen Vollknall?«, fragt Patrick und reibt sich die schmerzenden Schläfen.

Die Schwester auf der Station verspannt sich, aber der, mit dem er spricht, hebt nur eine Augenbraue.

»Hast du einen Anwalt, der bereit ist, die Körperverletzung zu verhandeln, wenn ich dir eine knalle, weil du so mit mir redest?« Varun Choudry verschränkt die Arme vor seinem Kittel. »Man zahlt mir nämlich nicht genug, um mit dir zu diskutieren.«

»Das stimmt.« Trotz Patricks Bemühungen, ist es ihm bisher nicht gelungen, dieses Problem zu lösen. Er schaut wieder auf den Computer und scannt die Patientenakte. »Ich weiß, dass du nicht dumm bist, aber du …«

»Vorsicht«, schnurrt Varun. »Das klingt fast nach flirten.«

»Ha! Als ob.«

Seit Varun ihn in der Bar des Tallgrass Hotels mächtig angebaggert hat, hat er den jungen, attraktiven Krankenpfleger bereits gut kennengelernt. Glücklicherweise mag Will ihn ebenfalls und hat sogar einmal versucht, Varun mit einem Angestellten von *Good Works* zu verkuppeln, aber Varun war nicht wirklich interessiert.

Varun zieht die Augenbraue hoch. »Ich habe es dir gesagt. Als ich zu ihr kam, waren fünfhundert Milligramm Keppra eingetragen. Ich kann ihr nicht mehr geben, wenn es bereits auf der Karte steht. Und es steht auf der Karte.«

»Aber es befindet sich nicht in ihrem Körper. Diese Aufzeichnung ist falsch!«

Varun seufzt. »Dann weise mich an und ich werde es ihr geben, aber ich kann ihr nicht von mir aus mehr geben, wenn dort steht, dass sie ihre Dosis erhalten hat. Du weißt das.«

»Und *du* weißt, dass sie es nicht bekommen hat.«

Varun blickt ihn finster an.

Patrick runzelt die Stirn. »Schön. Gib ihr notfalls eine einmalige Dosis von fünfhundert Milligramm Keppra oral. Und nimm ihr zuvor etwas Urin ab und schick ihn zum Testen ins Labor. Ich möchte bestätigen, was ich bereits weiß. Dann kannst du alles aufzeichnen.«

»Werde ich. Gib die Anweisung ein, dann kann es losgehen, Dr. McFlirty.«

Die Schwester mit dem brünetten Pferdeschwanz, die am anderen Computer herumtippt, keucht leicht und wird rot. Patrick kann sich gut vorstellen, dass sie diese Unterhaltung mit Varun bei der Krankenhausverwaltung falsch darstellen wird, wenn sie die Chance dazu bekommt. Patrick ist einer der wenigen Ärzte, die zum Pflegepersonal halten, wenn es im Vorstand um Gehaltsdiskussionen geht, aber das wissen die Pfleger nicht. Also hat die Brünette wahrscheinlich vor, jedem zu berichten, der etwas über sein vermeintlich unangemessenes Verhalten mit einem Mitarbeiter hören will.

»Oh ja, kann es«, sagt er gereizt in ihre Richtung und hält seine linke Hand hoch. »Ich bin ein verheirateter Mann. Gehen Sie in Raum 8B und spielen dort die Spaßbremse. Die Patientin braucht die Bettpfanne.«

»Ja, Dr. McCloud.« Die Krankenschwester schlurft davon, ihre Wangen sind immer noch rot.

»Sei nicht so gemein zu Lizzy.«

»Ich bin gemein zu wem ich will.«

»Gib die Anweisung ein, Dr. McCloud«, sagt Varun erneut und verdreht die Augen. »Ich dachte, es gäbe keine Zeit zu verlieren.«

»Ich bin Hirnchirurg und kein Babysitter. Gib *du* die Anweisung ein.«

Varun stemmt die Hände in die Hüften. »Wie du weißt, sagt die neue Krankenhauspolitik, dass *du* die Anweisung eingeben musst, nicht ich.«

»Schön.« Patrick flucht leise über die lächerliche neue Verwaltungspolitik, die nur seine Zeit verschwendet, und zuckersüß lächelnde Krankenschwestern, die ihn anschließend wegen sexueller Belästigung melden, obwohl er eigentlich nur operieren und Gehirne heilen will. »Wenn du gefeuert wirst, weil du dich wie ein Arsch verhältst, komm hinterher nicht heulend zu mir.«

»Ich zittere *jetzt* schon.« Varun lacht.

»Solltest du auch.«

»Warum solltest du mich feuern lassen, wo du doch ständig versuchst mich zu überreden, Vollzeit an Bord zu kommen und meine befristeten Verträge zu beenden?«

Patrick hämmert auf die Tastatur. »Du bist seit Jahren hier. Hör auf, so zu tun, als wärst du immer noch eine Aushilfe.«

»Nicht, bevor das Krankenhaus ein vernünftiges Gehalt zahlt. Sobald es aufhört, seinem festen Pflegepersonal weniger zu zahlen als befristeten Angestellten, werde ich darüber nachdenken.«

Patrick runzelt die Stirn. Er ist immer noch wütend, dass er dieses Argument in der letzten Vorstandssitzung nicht vorgebracht hat. Es macht keinen Sinn, es dem Pflegepersonal nicht schmackhaft zu machen, sich Vollzeit anstellen zu lassen. Es ist schließlich nicht so, als hätte Healing viel zu bieten: neun Monate im Jahr lausiges Wetter, eine fast annehmbare Schulausbildung für ihre Kinder und bösartiger Kleinstadtklatsch. Wenn sich Healing regional einen Namen machen will, wenn es wirklich eine erstklassige medizinische Einrichtung haben möchte, müssen sie anständige Vollzeitgehälter plus diverse Boni zahlen. Varun verdient es, genug bezahlt zu bekommen, um hier ein Zuhause zu finden. Aber vielleicht hat er noch keinen echten Grund gefunden zu bleiben, da er bisher keinen Arzt kennengelernt hat, der ihn heiraten könnte. Das ist sein selbsternanntes Ziel im Leben, und Patrick konnte ihm bis jetzt nicht klarmachen, dass es ein dummes Ziel ist. »Was an 'notfalls' verstehst du nicht?«, bellt er, beendet die Eingabe und wendet sich vom Computer ab.

Varun lächelt ihn warm an. »Gute Arbeit, Dr. McCloud. Ich mache mich gleich an die Arbeit.«

Patrick schnaubt, als Varun geht. »Hey!«, ruft er ihm hinterher. »Sende mir den Namen der Schwester, die diese Dosis eingetragen hat.«

Er kommt zurück und antwortet: »Du hast mit ihr gesprochen und ihr die Anweisung persönlich gegeben.

Außerdem steht ihr Name auf der Karte. Ich dachte, du wärst ein Genie. Erinnerst du dich?«

»Ich erinnere mich nicht an die Namen von Leuten, die am Ende des Tages gefeuert werden.« Sie hat jedoch blonde Haare. Daran erinnert er sich.

Varun seufzt. »Ich werde ihn dir nicht senden. Aber ich gebe dir einen Hinweis: Ruby Lovell.«

»Was ist das?«

»Ihr Name, du Genie.«

Er verschwindet um die Ecke und Patrick macht sich auf den Weg zu Don Knifels Büro, um einen mächtigen Aufstand über Pflegepersonal zu machen, das Sachen notiert, die es gar nicht macht. Bevor er dort ankommt, wird er von dem Anblick einer Person abgelenkt, die ihn so sehr interessiert, dass er seinen Plan ändert, um mit ihr zu sprechen. »Jenny, was machst du hier?«

Sie sitzt auf einem Stuhl vor dem Labor. Ihr breites Lächeln ist so blendend wie immer und erhellt den neonbeleuchteten Krankenhausgang. »Nachsorgeuntersuchung wegen dieser heftigen Harnwegsinfektion, die ich letzten Monat hatte. Nachdem sie die Niere angegriffen hat, wollen sie jetzt sichergehen, dass alles in Ordnung ist.«

Er setzt sich auf den Platz neben ihr, während eine große Schwester auf ihren mit Gummi besohlten Schuhen an ihnen vorbeiquietscht. »Wo ist Dylan?«

Jenny zieht ihren glänzenden blonden Pferdeschwanz straff. »Bei diesem neuen Mütterfreizeitprogramm, das die Methodistenkirche ausrichtet.« Ihre blauen Augen werden feucht. »Kannst du glauben, dass er schon alt genug ist, um an so was teilzunehmen?«

»Hmmm.« Er *kann* es glauben. Dylan ist nicht mehr der süße, sabbernde Halbjährige, sondern ein dreijähriger Tyrann, und Jessy hat mit ihm alle Hände voll zu tun. Trotzdem ist er nach wie vor ein niedlicher Knirps.

»Warum so mürrisch?«, fragt sie, dreht sich auf ihrem Stuhl herum und stopft ihr Handy in ihre riesige Tasche.

»Wer sagt, ich sei mürrisch?«

»Komm schon. Sag's mir.«

»Ärztekram. Geheim und so weiter.«

Jenny rollt mit den Augen. »Oh, wenn das alles ist, dann verschwinde. Ich bin gerade an einer guten Stelle in diesem romantischen Vampirroman, den ich gerade lese.« Sie fischt ihr Handy aus der Tasche und öffnet eine Lese-App.

Patrick ist drauf und dran, nach dem Titel zu fragen, denn er braucht leichten Lesestoff für die bevorstehende Reise, aber dann sagt er: »Ich fahre in die Flitterwochen. Für zehn Tage. *Zehn*.«

»Aha!« Jenny knufft gegen seinen Arm und verstaut ihr Handy wieder in der Tasche. »Ich wusste doch, dass du deswegen früher oder später ausflippst.«

»Wie kann man von mir erwarten, dass ich zehn Tage lang nichts mache?«

»Wir haben viel vor, Patrick. Es gibt in dem Resort eine ganze Menge zu tun. Und wenn du diese Sachen trotzdem nicht machen willst, kannst du ja lesen, Mittagsschläfchen halten, Sex haben, am Strand spazieren gehen, meditieren oder anfangen, Gras zu rauchen.« Sie zählt die Punkte an ihren Fingern ab.

Patrick seufzt. »Die Patienten brauchen mich. Ich kann mich nicht herumtreiben.«

»Es sind eure Flitterwochen.«

»Was hat sich Will nur dabei gedacht, mich darum zu bitten …?«

»Er liebt dich und will mit dir eine absehbare Zeit allein in einer romantischen Umgebung verbringen.« Sie nimmt seine Hand und verschränkt ihre Finger mit seinen. »Keine Patienten. Keine Familie. Kein Drama.«

Keine Familie und kein Drama. Jenny verkauft ihm die Idee recht gut, indem sie direkt zu seinem Herzen spricht.

Sie grinst. »Und es gibt hier auch andere gute Neurochirurgen im Team.«

»Nicht halb so gute wie mich.«

»Vielleicht nicht. Aber du hast ihre Einstellung befürwortet, also sind sie bestimmt kompetent genug, um sich für zehn Tage um deine Patienten zu kümmern.« Sie drückt seine Hand und neigt den Kopf leicht. »Ich habe vor ein paar Wochen eine Aufmunterungsrede für dich verfasst. Willst du sie hören?«

»Was glaubst du, warum ich mit dem Thema angefangen habe?«

»Richtig. Okay.« Sie atmet tief ein, lächelt eine Krankenschwester an, die mit einem leeren Patientenbett vorbeikommt, und sieht ihn dann mit ihrem Das-ist-eine-ernste-Unterhaltung-Gesicht an. »Patrick McCloud, du wirst in diese Flitterwochen fahren und du wirst sie genießen. Hast du mich verstanden? Will verdient das. Er ist durch die Hölle gegangen, kommt mit seiner verrückten Familie klar und das alles. Er war noch nie irgendwo, obwohl er mehr Geld hat, als er ausgeben kann, weil er nie weg durfte. Sei nicht der nächste Mensch, der ihn zurückhält. Er ist deine wahre Liebe, dein süßer, geduldiger Knuddelbär, und er wünscht sich diese Reise so sehr. Er hat es jahrelang angedeutet, bevor er dich direkt gefragt hat, ob du mit ihm wegfahren willst. Du weißt, dass es ihn glücklich machen wird, oder?«

»Ja.«

»Und ihn glücklich zu machen, ist dein wichtigstes Ziel im Leben?«

Patrick reibt sich die Nase. »Ist es, ja.«

Sie nickt. »So. Fall abgeschlossen. Du wirst mit ihm wegfahren und Spaß haben. Keine Panik mehr.«

»Was, wenn etwas schiefgeht, während ich weg bin?«

»Wie mit Addison?«

Patrick presst die Lippen aufeinander. Seit die fünfzehnjährige Addison gestorben ist, während er einen anderen Patienten operiert hat, hat er noch weitere Patienten verloren, aber sie geht ihm nicht aus dem Kopf. Besonders in letzter Zeit. Vielleicht kommt es daher, weil Caitlin aufs College geht und ihn daran erinnert, dass Addison jetzt ebenfalls auf einem College sein könnte. Oder weil das hier eine Kleinstadt ist und jedes Jahr Menschen Blumen an den Baum legen, den Addisons Eltern zu ihrem Andenken gepflanzt haben. Er wird es nie vergessen können.

»Du bist kein Gott«, flüstert Jenny, als ein paar Ärzte, die Patrick vage von der Geburtshilfestation kennt, vorbeitrotten. »Es gibt keine Garantie, ob es nun du bist oder irgendein anderer Arzt.«

Patrick verdreht die Augen. Es sind seine eigenen Worte, die sie ihm gerade zuflüstert. Er hat sie selbst oft genug gesagt, wenn Ergebnisse nicht so rosig waren, wie er sie sich erhofft hat.

»Was geht dir noch im Kopf um?«, will Jenny wissen. »Spuck's jetzt aus, dann brauchst du es nicht mit nach Hause nehmen und Will damit belasten.«

»Ich *mache* keinen Urlaub.« Er braucht seine Tage strukturiert. Er will aufstehen, arbeiten, essen, ein wenig fernsehen, Will vögeln, schlafen und dann noch ein bisschen arbeiten. Wenn er dazwischen mit Wills Familie zu tun hat oder mit Dinah telefoniert, ist das eben so. Aber der Rest des strukturierten Tages gibt ihm das Gefühl von Sicherheit und Kontrolle. Es gibt ihm das Gefühl, etwas zu *tun*, es sagt ihm, wie er zu *sein* hat.

»Ein weiterer Grund, mal Ferien zu machen.«

»Das sagst du so leicht.«

»Du und ich machen eine lange Liste von möglichen Aktivitäten. Obendrein kannst du jederzeit Sex haben. Das magst du doch. Es ist eine tolle Art, den Tag zu verbringen.« Sie grinst.

»Ja, aber Wills Loch kann nur wenig Fickerei aushalten.« Obwohl er dafür bereits einen Plan hat. Die Wahrheit ist, dass er nur Panik hat, weil die Reise allmählich näher rückt. Tief in seinem Inneren weiß er, dass er Spaß haben wird. Das sind nur die allerletzten

Ausreden, die er loswerden muss, um das Unausweichliche zu akzeptieren.

Jenny seufzt. »Du sitzt hier rum und heulst, weil du in aufregende Flitterwochen fahren sollst, während ich noch nie wirklich im Urlaub war. Vielleicht sollte *ich* anstelle von dir mit Will wegfahren.«

»Das würde definitiv mein größtes Ziel im Leben unterminieren.«

Jenny lacht. »Stimmt. Ich schätze, ich muss hierbleiben, mit Dylan und meinem …« Sie zieht die Brauen zusammen. »Ich wollte gerade mit meinem Mann sagen, aber ich glaube, ich habe letzte Nacht wieder einmal mit ihm Schluss gemacht.«

Patrick sieht ihr in die Augen. »Glaubst du? Oder hast du?«

»Ich habe.« Sie rümpft die Nase und sieht ihn mit ihrem Unschuldsblick an.

Er brummt. »Endlich. Ein Glück, dass du den los bist!«

Sie verdreht die Augen. »Umgekehrte Psychologie funktioniert bei mir nicht, Kumpel.«

»Das war keine umgekehrte Psychologie. Es läuft alles nach Plan.« Er grinst.

»Das heißt?«

»Der Kerl hat einen Traumarsch. Nachdem du mit ihm fertig bist, können Will und ich ihn für einen Dreier in unser Bett holen.«

»Ha! Als ob du Will teilen würdest!«

Patrick zuckt mit den Schultern, aber sie hat recht. Will und er sind viel zu sehr ineinander verliebt, um mit jemand anderes zusammen sein zu wollen. »Was ist diesmal passiert? Hat D plötzlich aufgehört, so toll zu sein?« Ihr Lächeln ist böse.

»Nein, D war konsequent geil wie immer. Hallo, rasende Harnwegsinfektion, erinnerst du dich?« Offensichtlich erinnert sie sich wehmütig an Jax und seinen D. Sie reibt sich die Stirn. »Ich denke, das ist vorbei.«

Patrick stupst sie an. »Also hat er aufgehört, nett und lustig zu sein?«

Ihr blauen Augen sehen ihn scharf an. »Hör auf, ein Idiot zu sein. Du weißt, was das Problem ist!«

»Allerdings. Du bist ein Snob.«

Sie setzt sich gerade hin. »Bin ich *nicht*.«

»Bist du *wohl*. Du bist ein richtig altmodischer Snob und denkst, du bist zu gut für ihn.«

»Das ist Bullshit.«

»Ist es wirklich nur dieses Barista-Ding oder ist es auch Rassismus? Es geht darum, dass er Lakota ist, richtig?«

»Sei nicht so ein Arschloch, Patrick. So einem Stuss höre ich nicht zu. Besonders nicht, nachdem ich dir so eine großartige Motivationsrede gehalten habe.«

»Es ist schon Mist, wenn ich recht habe. Oh, warte, ich habe immer recht.«

Sie starrt ihn an. »Es geht nicht darum, dass er Lakota ist. Das interessiert mich nicht. Es ist sein Mangel an Ehrgeiz.«

»Der sich worin zeigt?«

Sie zählt die Gründe an ihren Fingern ab. » Er hat keine Collegeausbildung. Er will Healing nie verlassen. Er will für immer in diesem Coffeeshop arbeiten.«

»Diesen Coffeeshop *führen*«, korrigiert er.

»Es ist ein Coffeeshop, Patrick.«

»Wie ich schon sagte, du bist ein Snob.«

»Oh, und du bist keiner?« Sie wickelt ihren Pferdeschwanz um ihren Finger. »Als hättest du Will ohne sein Geld und seine Karriere auch nur halb so attraktiv gefunden.«

»Will ist ein unglaublicher Gutmensch.« Er zuckt mit den Schultern. »Und das trägt er nach außen. Aber, ja, ich würde ihn auch ohne sein Geld lieben.«

»Das sagst du jetzt nur, weil du Hals über Kopf in ihn verliebt bist. Aber wenn du ehrlich bist …« Sie beugt sich vor und verengt die Augen. »Das Geld war buchstäblich der einzige Grund, warum du dich nicht sofort von ihm hast scheiden lassen.«

Patrick zieht die Brauen hoch. »Nun, wenn du wortwörtlich sein willst, etwas, was du und Will mir nicht zu sein eingebläut habt, es stimmt.«

»Es stimmt!« Sie gräbt einen pink lackierten Fingernagel in seinen Arm. »Du bist nur nach Healing gekommen, weil du nicht wolltest, dass er all das von Mafiosi finanzierte Molinaro-Treuhandgeld verliert.«

»Nein, ich bin gekommen, weil er das Geld nicht verlieren wollte.«

»Gott, du nimmst es echt wörtlich!«

»*Du* hast damit angefangen.«

Das Geld, das Wills Wohltätigkeitsstiftung, Good Works, finanziert, leistet trotz seiner Herkunft aus Blutgeld eine Menge guter Dinge in der Welt. Wills Stiftung bietet Hilfe für krebskranke Kinder und unterstützt LGBT-Kinder in ländlichen Gebieten neben vielen anderen unglaublich guten Dingen.

Patrick räumt ein: »Gut. Ich habe eine Schwäche für krebskranke Kinder.«

»Und eine Schwäche für Will.«

»Verklag mich doch.«

»Du verstehst einfach nicht, wie es für mich ist.«

Patrick sagt nichts. Er kann es nicht bestreiten. Er kann versuchen, ein guter Freund zu sein, aber Jenny bleibt für ihn immer ein kleines Rätsel. Wie die meisten Leute.

Sie sitzt lange Zeit steif da, dann ergreift sie seinen Unterarm und gesteht: »Ich weiß nicht, was ich tun soll. Tom hat mich angerufen. Er möchte Dylan sehen. Er behauptet, er wolle es noch mal versuchen. Als Familie. Eine *echte* Familie.«

Patrick verdreht die Augen, bevor er seinen Arm um Jennys Schultern legt und sie an sich zieht, um ihr ins Ohr zu flüstern. »Er ist auf dich losgegangen, als du schwanger warst. Wach auf.«

»Ich bin wach«, protestiert sie und lehnt sich weg. »Ich bin eine wache Frau mit echten Gefühlen und ich weiß wirklich nicht, was ich tun soll.«

Patrick öffnet den Mund, schließt ihn aber wieder. Er sollte etwas Hilfreiches sagen, doch er hat keine Ahnung, was das sein könnte.

»Ich glaube, ich muss es versuchen.«

»Du musst gar nichts.«

»Also gut, ich *will* es. Ich will sehen, was Tom vielleicht zu bieten hat. Für Dylan. Und für mich.«

»Welches Sternzeichen hat er?«

Jenny grinst. »Fische.«

»Hmmm. Na ja, okay.« Wenigstens ist der Kerl kein Stier.

»Ich freue mich über deine Erlaubnis«, flüstert sie.

In diesem Augenblick sieht Patrick Kimberley und ihren Zwillingsbruder Kevin Arm in Arm den Krankenhausflur entlangkommen. Kevin trägt gut sitzende Jeans und ein kariertes Westernhemd; er sieht strahlend schön aus. Allerdings wird seine heiße Cowboyart durch ein blutgetränktes weißes T-Shirt gedämpft, das er gegen seine Stirn drückt. Na toll. Patrick seufzt. Damit ist sein Tag jetzt wirklich gelaufen. »Denk einfach nach. Wenn ich all die Krebskinder tot umkippen lasse, würde ich so bald wie möglich irgendwo arbeiten, wo es warm ist«, murmelt er. »Und es würde keine Pattersons oder Molinaros oder Flitterwochen geben, die in mein Leben platzen könnten.«

Jenny runzelt die Stirn. »Und auch keinen Will. Und mich ebenfalls nicht.«

Kimberly erspäht ihn, als er leise aufstöhnt. »Hilfe, ich kann sie nicht abschütteln. Sie sind überall.«

»Was? Wer?«, fragt Jenny, zieht ihre Augenbrauen verwirrt zusammen und sieht sich um.

»Sie.«

»Patrick!«, ruft Kimberley winkend. Ihr Kleid schwingt um ihre Cowboystiefel. Ihr Gesicht ist blass und in ihren blauen Augen brennt Sorge. »Kevin hatte einen Unfall. Wir brauchen dich.«

»Oh.« Jenny hebt die Brauen und zieht erneut ihren Pferdeschwanz straff. »Ich verstehe, was du meinst.«

»Wills perfekter Arsch ist das alles wert«, erinnert er sich leise, als er aufsteht und Kimberly mit maskenhaftem Gesicht begrüßt. Wills Arsch und sein Lächeln und die Art, wie er sich über das Gesicht reibt, wenn sein Blutzuckerspiegel abfällt und wie sich Patrick fühlt, wenn Will ihn ansieht, als sei er etwas ganz Besonderes. Das sind alles Dinge an ihm, die das hier wettmachten. Bevor er keine Gelegenheit mehr dazu hat, dreht er sich zu Jenny und sagt ihr noch einmal seine Meinung. »Lass deine Hochnäsigkeit nicht den besten Orgasmen, die du jemals in deinem Leben hattest, in die Quere kommen.«

Sie schnaubt zur Antwort.

Er deutet auf seine Verwandtschaft. »Ich habe es nicht getan, und jetzt sieh mich an. Was für eine tolle Familie.«

»Oh ja. Richtig. Wirklich eine tolle Familie.« Sie lacht.

Patrick will nicht mit ihr streiten, sagt jedoch: »Das mit Tom ist keine gute Neuigkeit. Versöhn dich mit Jax.« Dann macht er sich auf den Weg zu Kimberly und Kevin.

Die brünette Krankenschwester mit dem Pferdeschwanz, die er zuvor angemeckert hat, ist zurück auf der Station. Er fragt sich, wohin Varun immer verschwindet, wenn er ihn am meisten braucht. »Bringen

Sie diesen Mann in ein Zimmer und veranlassen Sie eine Notfall-CT.«

»Aber er war noch gar nicht in der Notaufnahme oder hat sich normal aufnehmen lassen, Dr. McCloud.«

»Warum sollten wir?«, fragt Kimberly mit angriffslustig aufgerissenen Augen. »Mein Schwiegersohn ist der leitende Neurochirurg in diesem Krankenhaus. Er ist der Beste der Besten!«

Patrick wünscht, er könne diesen Satz aufnehmen und dann die Zeit zurückdrehen zu ihrem ersten Treffen. »Sie haben sie gehört«, sagt er zu der Schwester. »Der Beste der Besten.«

Die Lippen der Schwester sind ein schmaler Strich, doch sie zwingt sich zu einem Lächeln.

»Bringen Sie ihn in ein Zimmer«, befiehlt er. »Ich kümmere mich um alles andere.«

»Die Dienstvorschriften schreiben vor …«

»Ich bin sicher, Sie kennen mich inzwischen gut genug, um zu wissen, was Sie mit den Dienstvorschriften machen können.«

»Aber Varun …«

»Sie sind nicht Varun.«

Sie erblasst. »Zimmer 8F ist frei.«

»Jetzt nicht mehr.« Sollen die Leute in der Anmeldung doch einen Anfall bekommen. Soll Don Knife ihm doch sagen, dass er sich an die Dienstvorschriften zu halten hat oder ihm auf die Finger hauen. Sollen doch die anderen Patienten eine Stunde warten, bis er wieder Zeit hat, obwohl es nicht fair ist. Das *Leben* ist nicht fair. Er muss sich um einen Patterson kümmern. Er packt

Kevins Arm und dirigiert ihn auf das Zimmer zu. Kevins Gesicht ist fahl und seine grün-grauen Augen sind leicht geweitet. Außerdem ist er fügsam wie ein Reh und ganz offensichtlich desorientiert. Diese Idioten hätten einen Krankenwagen rufen sollen.

»Soweit ich weiß«, beginnt Kimberly, kaum dass sie sich im Krankenzimmer befinden, »wurde Kevin von dem Hengst abgeworfen, den er trainiert.« Sie hilft ihm, sich auf das Bett zu setzen.

Patrick drückt sich Daumen und Zeigefinger gegen die Augen. Es ist fast so, als wären sie Kinder. »Und du hast nicht daran gedacht, die 911 anzurufen?«

»Die hätten uns irgendeinen Arzt geschickt. Er braucht *dich*.«

Er starrt seine Schwiegermutter an. Kimberly trägt sogar für ihre Verhältnisse zu dick auf. Eigentlich darf er Verwandte nicht einmal behandeln. Dienstvorschrift. Dennoch untersucht er ihn behutsam und fragt ihn über den Unfall aus.

Kevin verzieht das Gesicht. »Ich saß auf Sunburst, meinem neuesten Hengst. Ich hatte ihn aus dem Stall geholt, um mit ihm an Sprunghindernissen zu arbeiten. Ich weiß nur, dass ich den Halt verlor.«

Patrick leuchtet mit seiner kleinen Stablampe in seine Augen und notiert sich geistig jedes noch so kleine Anzeichen einer Verletzung. »Könnte eine Gehirnerschütterung sein. Nach der CT wissen wir mehr.«

Kimberly schiebt sich näher an ihn heran. »Ich fand ihn auf der Koppel, sein Gesicht und der Hals waren blutbedeckt.« Ihre Hand sucht die ihres Bruders und drückt sie fest. »Ich schaffte ihn ins Auto und brachte ihn direkt zu dir.«

Patrick brummt. Wartete sie auf ein Lob für ihr schnelles Handeln? Dass sie nicht die Ambulanz gerufen hat, hätte ihren Bruder das Leben kosten können. Trotzdem kann er ihr im Moment keinen Vorwurf machen, weil er ziemlich sicher ist, dass es Kevin den Umständen entsprechend gut geht. Und *wenn* er sie anmeckert, und sei es nur aus Prinzip, würde sie wahrscheinlich in Panik ausbrechen, der Meinung sein, dass Kevin stirbt, und deshalb das volle Programm an Drama abspulen, für das Patrick jetzt weder Zeit noch Nerven hat.

»Ich habe Will noch nicht Bescheid gesagt«, erklärt Kimberly. Ein verdächtiger Schimmer wabert in ihren Augen. »Machst *du* das?«

Er weiß nicht, was mit ihr los ist. Irgendetwas stimmt nicht. Da ist so etwas wie ein verworrener Plan, aber er kann es nicht mit Bestimmtheit sagen. Die Machenschaften der Pattersons-Molinaro-Familie sind nervig und oftmals lächerlich. »Ich habe noch andere Patienten«, schnappt er. »Sag es ihm selbst.«

Sie runzelt leicht die Stirn, dann heben sich ihre Mundwinkel. »Ganz wie du willst.«

Patrick reißt die Zimmertür auf, sieht Varun gerade vorbeigehen und packt seinen Arm. »Komm hier rein. Ich brauche dich, um diesen Patienten aufzunehmen. Er war nicht in der Anmeldung.«

»Wie das?«

Patrick winkt die Frage ab. »Er hat eine Kopfverletzung, möglicherweise eine Gehirnerschütterung, und benötigt eine Notfall-CT, gefolgt von einem Röntgenbefund auf zwei Ebenen, einer neurologischen Untersuchung und konstanten Überwachung, bis er bei der Bildgebung war.«

»Konstante Überwachung?«, fragt Varun sauer.

»Stottere ich?«

Varun starrt ihn an, widerspricht ihm aber nicht. Er kommt näher und setzt sein breites Pflegerlächeln auf, das die Leute so an ihm lieben, und seine dunklen Augen füllen sich mit Wärme für Kimberly und Kevin, als er sie begrüßt. »Ah, ich verstehe!« Er wirft Patrick einen vielsagenden Blick über die Schulter zu, dann wendet er sich wieder Kevin zu. »Das sind Mr. Patterson und Ms. Patterson. Das erklärt eine Menge.«

»Wie das?«, will Kimberly wissen.

»Sie bekommen eine sehr spezielle Behandlung, das ist alles.«

Kimberly lächelt.

»Lassen Sie mich Ihnen einen bequemen Kittel anziehen, Mr. Patterson, dann werden wir Sie untersuchen.«

Kimberly entspannt sich, während Varun redet, relevante Fragen über die Verletzung stellt und Kevin dabei hilft, sich auszuziehen. Genau das ist der Grund, warum Varun mehr bezahlt bekommen sollte, um Vollzeit zu arbeiten. Er ist ein Traum für jeden Patienten.

Patrick nickt Kimberly knapp zum Abschied zu und sagt zu Kevin: »Du bist in guten Händen. Mach einfach, was die hübsche Schwester sagt. Und, Varun, ich meine es, wie ich es gesagt habe. Lass den Mann nicht aus den Augen.«

Varun schenkt ihm ein zuckersüßes und vollkommen unaufrichtiges Lächeln. »Für deine Familie mache ich alles, Doc.«

»Wills Familie«, korrigiert er. »Und, verdammt richtig, du wirst alles für sie tun.« Er wirft Kimberly einen scharfen Blick zu. »Weil er mir nie verzeihen wird, wenn ich einen dieser Idioten sterben lasse.«

»Patrick!«, keift Kimberly.

Zufrieden, seine Schwiegermutter genug beleidigt zu haben, verlässt er mit wehendem weißen Kittel das Zimmer. Während er auf Don Knifes Büro zusteuert, um endlich die Karriere der Medikamente zurückhaltenden Ruby Wieauchimmer zu zerstören, beschließt er, die Gerüchteküche der Foren der *The Hurting Times* zum kochen zu bringen. Er kann nicht posten, dass Kevin verletzt ist, jedenfalls nicht ohne das Arztgeheimnis zu verletzen, aber er hat eine Menge andere Dinge, über die er sich auslassen kann. Patrick weiß haargenau, wie er seinen Post beginnen wird. Nachdem er sich als *Dr. HottieMcBrainSurgeon* in die "The Hurting Times"-App eingeloggt hat, tippt er mit seinen Daumen, während er geht: *Es ist eine bekannte Wahrheit, dass die Pattersons aus Healing, South Dakota, absolute Drama-Queens und totale Nervensägen sind. Und, nein, ich schreibe diesmal nicht über Will.*

Kapitel 4

»Du hast also schon alles gepackt, Caity-Maus«, murmelt Will und stupst die Koffer zu Füßen seiner Schwester mit der Schuhspitze an.

Es ist ein wundervoller Spätsommertag mit einer kühlen Brise und sie stehen in der Einfahrt des zweistöckigen Steinhauses mit den dunkelgrauen Schindeln, in dem sie aufgewachsen sind und das hinter ihnen aufragt. Dies ist der Ort, an dem sie die endlosen Beziehungsdramen ihrer Mutter miterlebt haben, wo sie über den Verlust von Caitlins Vater Roger getrauert haben und von wo sie beide schon immer verschwinden wollten.

Will bewundert seine Schwester in dem klaren Nachmittagslicht. Sie ist wunderschön und hat seidenweiches Haar, das locker und offen an jeder Seite über ihre Schultern fällt und ihre festen Brüste umrahmt. Über ihrem geblümten Sommerkleid trägt sie einen leichten Sweater, an den Füßen Cowboystiefel. Wie ihre Mutter. Sie war schon immer rundlich, was sich auch im Erwachsenenalter nicht geändert hat. Aber jetzt ist sie eine Frau, und kein kleines Mädchen mehr, und Will kann nicht fassen, wie schön sie aussieht.

»Es hat eine Ewigkeit gedauert, meine Sachen auf diese Koffer zu reduzieren, aber ich glaube, ich habe alles, was ich wirklich brauche.« Sie lächelt ihn zittrig an, der blaue Himmel spiegelt sich in ihren Augen. Nachdem Olivia und Connor sich nach dem Frühstück von Caitlin verabschiedet haben und zur Schule gegangen sind, sind nur noch sie beide übrig.

»Wir können dir alles schicken, was du vergessen hast. Oder du kaufst dir einfach, was du brauchst. Mach dir um Geld keine Gedanken.«

Sie schlingt ihren Arm um seine Taille und knuddelt ihn halb. »Danke. Du und Nonna seid wirklich gut zu mir. Mom ist …«, sie rollt mit den Augen, »Mom.«

Er wirft nicht ein, dass ihre Mutter zwar eine Chaotin ist, aber Caitlin es nicht besser macht, wenn sie Kimberley aus ihrem Leben ausschließt, wie sie es vorhat. Er spricht es nicht aus, weil Patrick ihm immer sagt, dass solche Kommentare *den Missbraucher aktivieren*, wobei Kimberley hier der Missbraucher ist, und dass Will aufhören muss, seine Mutter zu verteidigen, wenn sie nicht verteidigt werden muss. Daran arbeitet er wirklich. »Ja, ich weiß, wie sie sein kann. Hast du Angst?«

»Es ist weniger *Angst*, aber …«

»Du bist nicht wirklich bereit, allein in die große weite Welt hinauszugehen, was?«

Caitlins Unterlippe zittert und sie wirft sich in seine Arme. »Ich bin so was von bereit, von hier wegzugehen. Mom macht mich verrückt«, flüstert sie, ihre Stimme klingt heiser vor unterdrückter Tränen. »Also warum heule ich dann? Es ist nicht, als hätte ich *Angst*, von zu Hause wegzugehen, aber … es ist immer noch mein Zuhause, verstehst du?«

Will umarmt sie eine lange Zeit, streichelt mit der Hand durch ihre Haare, atmet ihren Duft ein. Er erinnert sich daran, wie ihre Mom sie vom Krankenhaus mit nach Hause brachte. Sie hat so frisch und neu gerochen. Jetzt riecht sie nach fruchtigem Parfüm. »Du hast dafür hart gearbeitet. Du wirst da draußen hervorragend zurechtkommen. Ich bin stolz auf dich und du brauchst dir um nichts Sorgen machen, was zu Hause vor sich geht. Mom, Onkel Kevin, Patrick und ich werden das schon hinkriegen.«

»Ich weiß, dass ihr das werdet, aber ich fühle mich so schuldig, weil ich dir die Kinder aufdrücke.« Sie löst sich aus seiner Umarmung und wischt sich durch die Augen. Ihre Mascara verschmiert, aber darum kümmert sie sich nicht. »Die ganzen Jahre hast du auf mich aufgepasst, und ich weiß, dass ich dafür eine Menge schulde.«

»Oh, Caity-Maus, nein, ich habe nicht auf dich aufgepasst, damit du vielleicht einmal dasselbe für Olivia und Connor tust. Ich wollte immer nur, dass du das Beste aus dir machst, und wenn das bedeutet, in Colorado zur Schule zu gehen, dann ist das alles, was ich mir für dich wünsche.« Er kann Caitlin nicht verübeln, so weit von ihrer verrückten Familie wegzuziehen, aber er wird sie vermissen. Olivia und Connor werden sie ebenfalls vermissen. Er weiß, dass sie den Haushalt geführt hat, seit er und Patrick geheiratet haben. Doch er wird alles in seiner Macht stehende tun, damit hier weiterhin alles glattläuft. Schlussendlich wird es ohnehin so sein, dass Olivia mehr Verantwortung für Connor übernimmt, bis sie ebenfalls das Nest verlässt.

»Wirklich? Du bist nicht sauer? Nicht mal ein bisschen?« Eine Brise trifft sie beide von der Seite. Will kann Regen darin riechen.

»Nicht mal ein kleines bisschen.« Er streicht ihr eine Haarsträhne hinter das Ohr. »Wie haben Olivia und Connor es aufgenommen?«

»Olivia sagt, sie freut sich. Ich verschwinde, also kann sie in mein Zimmer ziehen.«

»Das ist eine Lüge. Sie wird dich vermissen.«

»Ich weiß. Und Connor ist beleidigt.« Sie verzieht die Lippen. »Ich weiß, er ist erst neun, aber …«

»Erinnerst du dich daran, wie eingeschnappt Olivia war, als ich zur Schule ging?«

Caitlin lacht. »Ich erinnere mich daran, ja. Sie nahm alle Socken, die du zu Hause vergessen hattest, tränkte sie mit Feuerzeugbenzin und zündete den Haufen hier in der Einfahrt an. Man kann die Brandflecken immer noch sehen.« Sie deutet auf eine schwarze Stelle in der Nähe des Basketballkorbes.

»Aber sie ist darüber hinweggekommen.«

»Endlich.« Caitlin sieht ihn durchdringend an.

»Was?«

»Es ist einfach seltsam, an diese Zeit zurückzudenken. Damals, als du mit Ryan zusammen warst.«

»Oh. Ja.« Will räuspert sich. Er sieht zum Himmel hinauf und bemerkt die dunklen Wolken, die sich am Horizont sammeln. »Das fühlt sich an wie ein anderes Leben.«

Sie nickt langsam. »Hast du seither noch mal etwas von ihm gehört?«

Er schüttelt den Kopf. Ein scharfer Splitter aus Schuld versucht sich in sein Innerstes zu bohren. Er *sollte* wissen, was mit seinem Ex passiert ist, seiner ersten

Liebe, seinem ersten Ein und Alles. Aber er schiebt diese Gedanken strikt beiseite. »Ich habe ihn schon lange nicht mehr gesehen und ich habe nichts mehr von ihm gehört.«

»Oh.« Sie zieht die Brauen zusammen und starrt über seine Schulter hinweg. Ihr Ausdruck verrät ihm, dass sie etwas weiß, aber nicht sicher ist, ob sie es ihm sagen soll.

Er leckt sich über die Lippen. »Ich hoffe, er ist glücklich, wo immer er auch ist.«

Sie nickt und räuspert sich, ihr Blick richtet sich auf den Boden, während sie ihre Arme vor der Brust verschränkt. Es ist still, als die dicken schwarzen Wolken weiter heranrollen. Das Schweigen zwischen ihnen dauert an und er weiß, welche Neuigkeiten auch immer sie verschweigt, es sind keine guten.

»Was hast du gehört?«, fragt er schließlich.

»Nicht viel.« Sie sieht ihm in die Augen. In ihren eigenen funkelt Mitgefühl. »Hartley kam zur Beerdigung seines Vaters zurück in die Stadt und er sah ziemlich schlecht aus. Und das ist kein Gerücht. Er sah … beschissen aus.«

»Ich weiß.« Nun, er wusste nicht, dass Hartley regelmäßig in der Stadt zu sein schien, aber das letzte Aufeinandertreffen zwischen ihnen verfolgt ihn jetzt noch in seinen Träumen. Hartley war nur noch der Schatten des stolzen Mannes, der er mal gewesen war, nachdem er mit Ryan die Stadt verlassen hatte. Und Will vermutete, dass die Schatten unter seinen Augen abheilende Blutergüsse waren.

»Ryan war nicht bei ihm, als ich ihn bei Brown Gargle getroffen habe. Aber Andy Sicko erzählte mir später, dass Hartley ihm gesagt hat, Ryan sei im Krankenhaus.«

Will schluckt hart.

»Mit akutem Leberversagen von seiner Trinkerei. Die Ärzte haben ihn auf die Transplantationsliste gesetzt, aber es sieht nicht gut aus.«

Will atmet langsam ein und aus. Was dieses ganze Zuckerbrot-und-Peitsche-Benehmen angeht, ist Caitlin inzwischen ebenso gut wie Kimberly. »Ich verstehe. Das … ist zum Kotzen.«

»Ja. Aber ich verstehe es nicht. Ryan hat nie getrunken, als er mit *dir* zusammen war.«

»Nein.« Will schüttelt den Kopf. Als sie zusammen waren, hat Ryan nie auch nur einen Tropfen getrunken, soweit er weiß. Stattdessen hat er *ihn* dazu gebracht, zu trinken. Ryan war süchtig nach dem irrsinnigen Vergnügen, ihn zu verletzen, zu unterminieren und ins Versagen zu treiben.

»Ich frage mich, warum er angefangen hat zu trinken, nachdem ihr Schluss gemacht habt?«

Will erschaudert. Er will nicht über diese Dinge nachdenken. Er will es nicht wissen. Er schluckt, vergräbt seine Hände in den Jackentaschen und wippt auf den Absätzen vor und zurück in dem Versuch, seine innere Balance wiederzuerlangen.

»Glaubst du, er konnte dich nicht vergessen?«, fragt Caitlin sanft.

»Nein. Ich glaube, er ist Alkoholiker.«

»So wie du. Aber seit du mit Patrick zusammen bist, trinkst du nicht mehr.«

Will wischt sich mit der Hand über den Mund. »Es ist nicht so, als wäre es immer leicht. Es ist auch nicht so, als müsste ich mich nicht jeden Tag anstrengen, um trocken zu bleiben. Ich habe mich nicht in Patrick verliebt und bin geheilt aufgewacht.«

»Ich weiß. Aber du bist so viel glücklicher, seit Patrick in dein Leben getreten ist. Hilft dir das nicht?«

»Doch. Es hilft. Aber das bedeutet nicht, dass ich nie mit mir kämpfen muss.«

Die Linien zwischen ihren Brauen vertieften sich. »Vielleicht war Ryan mit Hartley nicht glücklich. Vielleicht hat er deshalb …«

»Stopp!« Will legt seine Hand auf Caitlins Schulter und drückt zu. Bewusst schluckt er, um die aufkommende Übelkeit zu unterdrücken. »Ich kann über solche Sachen nicht nachdenken, Caitlin. Ich bin nicht für ihn verantwortlich.«

»Oh! Ich meinte auch nicht, dass du das bist!« Ihre Augen weiten sich und er glaubt ihr, dass sie es nicht in diesem Zusammenhang gesagt hat. »Ich wollte nur … Egal. Ich sollte meinen Mund halten.«

Will lächelt, aber in seinem Inneren krampft sich nach wie vor alles zusammen. »Schon gut. Ich hätte es so oder so herausgefunden.«

»Ich bin überrascht, dass Patrick dir nichts davon erzählt hat. Es muss in der Hurting-Times-App gestanden haben, die er so sehr liebt.«

Will reibt sich mit der Hand über seine plötzlich schweißnasse Stirn. Ohne Zweifel weiß Patrick alles über Ryans Situation und Hartleys Besuch. Aber Patrick kennt Will eben zu gut und liebt ihn zu sehr, um zu glauben, dass er unbedingt davon erfahren muss. Er wollte Will sicher nur vor den kranken Gefühlen beschützen, die nun in seinem Inneren toben. Er wollte Will von dem Gedanken an die Tallgrass Bar ablenken und davon, wie leicht man auf dem Heimweg davor anhalten kann. Patrick versteht ihn besser als Caitlin, Kimberly oder Kevin es je werden. Die wirkliche Überraschung besteht eigentlich darin, dass Kimberly ihm nicht schon längst alles erzählt hat. Sie weiß es doch bestimmt? Vielleicht glaubt sie ihm endlich, dass Ryan ein Süchtiger ist, oder ist sie nur müde, diesen speziellen Kampf zu führen. Er hat keine Ahnung. Will versucht seinen Fokus wieder auf etwas Sicheres zu legen. Zurück auf Caitlin und ihre Zukunft. »Wann fährst du los?«

»In einer Stunde. Nonna und Reba holen mich ab, dann fliegt Nonna mit mir mit.« Sie kaut auf ihrer Unterlippe. »Wo ist Mom? Sie sagte, sie würde kommen. Sie wollte Onkel Kevin von der Farm abholen, damit er sich auch von mir verabschieden kann.«

Will reibt ihr über die Arme. »Sie wird rechtzeitig hier sein. Sie werden beide hier sein. Als ob Onkel Kevin seine Caity-Maus nicht zum Abschied knuddeln wollen würde.«

»Ich weiß, es ist nur … Sie macht mich wahnsinnig. Manchmal zweifle ich an Dingen, an denen es gar keinen Zweifel gibt.«

Will lacht. »Ich weiß. Geht mir auch so.«

Er führt sie zu der schattigen Seitenterrasse und nimmt ihre Koffer mit für den Fall, dass es zu regnen anfängt. Dann setzen sie sich auf die Hollywoodschaukel, die Kimberly vor einigen Jahren aufgebaut hat. Er nimmt ihre Hand und verschränkt seine Finger mit ihren. »Ich bin froh, dass Nonna mit dir nach Colorado geht. Sie wird dafür sorgen, dass deine Unterkunft schick sein wird.«

Caitlin schnaubt. »Mom ist sauer deswegen. Sie wollte selbst mitkommen, aber ich habe ihr gesagt, dass ich das nicht will. Ich will nicht, dass sie mir alles ruiniert, verstehst du?«

Er nickt.

»Sie und Nonna haben deswegen gestritten.«

»Darauf wette ich.«

»Nonna und ich haben gewonnen.«

Will nickt und legt seinen Arm um Caitlins Schulter. Die Schaukel wippt langsam vor und zurück. »Als ob sich jemand gegen die geballte Macht von Eleanora Molinaro und Caitlin Flemings-Patterson wehren könnte.«

Schweigend schaukeln sie eine Weile. Will lässt seine Sorgen um Ryan und sein Bedürfnis nach einem Drink wegziehen wie die dunklen Wolken am Himmel. Der Geruch nach Regen verschwindet, als der Wind nach Westen dreht. Es ist über zwei Jahre her, seit er seinen letzten Drink gehabt hat. Er ist glücklich verheiratet und bereit, in die lang ersehnten Flitterwochen zu fahren. Sich jetzt zu betrinken, würde so viel mehr gefährden, als er je verloren hat. Er braucht das nicht. Er will es, aber er braucht es nicht.

Schließlich murmelt Caitlin: »Alle anderen werden ihre Eltern dabeihaben und mich begleitet nur Nonna. Sie ist nicht mal meine richtige Großmutter. Sie ist deine.«

Die komplizierten und kaputten Beziehungen ihrer Mutter haben ihnen allen einen Mischmasch aus zusammengewürfelten Familienmitgliedern beschert, und Wills biologischer Vater hat ihn ebenso wie den Rest verlassen. »Das heißt aber nicht, dass Nonna dich nicht liebt.«

»Das weiß ich.«

»Sie tut es nämlich.«

»Ich *weiß*.« Ungeduldig streicht sie ihr Haar zurück.

»Willst du, dass *ich* mit dir komme?«

»Nein! Du musst dich auf deine Reise mit Patrick vorbereiten. Außerdem will ich nicht von meinem Bruder begleitet werden. Ich will meine Mutter, kapiert? Aber sie ist …« Caitlin wedelt mit ihrer Hand. »Ich hasse es, dass ich so gemischte Gefühle für sie habe.«

»Gemischte Gefühle in Bezug auf Mom bedeuten, dass du geistig gesund bist.« Will denkt an die Schuldgefühle, die ihn seit dem Frühstück quälen. »Sie ist gut darin, uns dazu zu bringen, an uns zu zweifeln.«

Als ihre gemeinsame Zeit sich dem Ende entgegenneigt, zieht Will seine Brieftasche aus der Hose und drückt Caitlin ein paar Hundert-Dollar-Scheine in die Hand. »Nimm das. Wenn du und Nonna ein Bankkonto eingerichtet habt, überweise ich dir monatlich Geld. Einverstanden?«

»Ernsthaft?«

»Ich glaube an dich, Caitlin.«

Sie umarmt ihn fest und kämpft erneut mit den Tränen. Stoßweise feuchte Atemzüge treffen auf seinen Hals. Er verkneift sich die eigenen Tränen. Schließlich flüstert sie: »Musst du gehen?«

»Ja. Es tut mir leid, dass ich nicht mit dir auf Nonna und Reba warten kann.« Obwohl er nicht traurig darüber ist, seine Mutter zu verpassen. Wie aufs Stichwort vibriert Wills Handy und er seufzt, als er Owens Namen auf dem Display sieht, seine rechte Hand bei Good Works. Wahrscheinlich will er ihn zurück im Büro, um Tonnen von Papieren zu unterschreiben, ehe er die Stadt verlassen kann. »Ich muss los, aber ich bin immer für dich da. Immer. Ich bin nur eine SMS oder einen Anruf entfernt. Oder komm nach Hause, wenn du es wirklich brauchst, okay? Du bist zu Hause immer willkommen.«

»Danke.« Sie umarmt ihn wieder und Will drückt sie fest an sich. »Hab Spaß in …« Sie runzelt die Stirn. »Wohin fahrt ihr beide eigentlich?«

Er lächelt. »Das ist ein Geheimnis.«

Caitlin grinst. »Oh, okay. Guter Plan. Haltet die Details vor Mutter geheim, sonst findet sie einen Weg, sich in eure Flitterwochen einzumischen. Ich will alles darüber hören, wenn ihr wieder da seid, okay?«

»Wir können skypen.«

Caitlin küsst seinen Hals und er drückt ihre Hand.

»Du wirst großartig sein«, sagt er ihr noch einmal.

»Steig in deinen Wagen und verschwinde, Käsebällchen. Himmel.« Sie schiebt ihn spielerisch vorwärts. »Du klingst gerade ziemlich verrückt.«

Will wirft ihr einen weiteren Luftkuss zu, während er in seinen BMW steigt und anschließend in Richtung Stadt fährt. Er weiß, dass Caitlin eine strahlende Zukunft haben wird, aber ein Gefühl im Magen sagt ihm, dass nichts mehr wie sonst sein wird, sobald sie das Ortsschild hinter sich lässt. Sie fliegt davon.

***

»Will geht nicht ans Telefon und beantwortet auch keine SMS.« Kimberly wirft ihr Handy in ihre blaue *Christian Louboutin*-Tasche zurück. »Caitlin auch nicht. Was ist, wenn er wieder trinkt? Was, wenn sie tot im Gebüsch liegt?«

Patrick ignoriert sie. Wenn es ein Problem mit Wills Blutzucker gibt, sogar bei einer großen Insulingabe, wie man sie nach ein paar alkoholischen Getränken braucht, wird sein Handy eine Benachrichtigung vom Gerät bekommen. Wenn Will sein Telefon ausschaltet, um das Drama zu vermeiden, das seine Mutter veranstaltet, dann ist das sein gutes Recht. Patrick wünscht, er könne seine *Realität* ausschalten, um nicht involviert zu werden. Er überprüft Kevins Pupillen und seine Reflexe, geht noch einmal die MRT-Bilder durch. Die Gehirnerschütterung ist nicht stark, aber bei seinem Schwager will er kein Risiko eingehen.

»Vielleicht ist Will in einer Besprechung«, sagt Kevin einfühlsam. »Ich brauche ihn nicht hier. Und, ehrlich, Kimberly, dich brauche hier ich auch nicht. Es geht mir gut. Fahr nach Hause.«

»Ich bin schon zu spät, um Caitlin auf Wiedersehen zu sagen«, antwortet sie mürrisch.

Kevin seufzt. »Das war deine Entscheidung. Ich habe dir gesagt, dass es mit gut geht und ich hier allein klarkomme.«

»Dir geht es nicht gut, Kevin! Du könntest eine Hirnblutung haben und sterben. Verstehst du das?« Ihre Augen weiten sich beängstigend. »Sterben! Und was würde ich ohne dich machen?«

Er seufzt erneut.

Patrick hebt seine Augenbraue und sieht ihn mit einem, wie er hofft, einfühlsamen Blick an, aber vermutlich ist es mehr ein Deine-Schwester-ist-komplett-irre-und-du-bist-nur-unwesentlich-weniger-dumm-als-ich-dachte-Blick. Darin ist er unschlagbar.

Kevin rollt mit den Augen und Patrick ist sich nicht sicher, ob das ihm oder Kimberly gilt.

Kimberlys Handy meldet sich und sie schnappt nach Luft, als sie darauf schaut. »Es ist Caitlin. Sie befanden sich in der Luft, als ich ihr geschrieben habe. Gerade sind sie gelandet, deswegen konnte sie antworten. Sie ist sauer. Ich muss sie anrufen.«

Patrick tippt das Schild über dem Bett an. »Draußen.«

»Das ist absurd. Ich habe gesehen, wie du in diesen Räumen dein Handy benutzt hast. Niemand beachtet noch diese Zeichen.«

»Wenn du nicht willst, dass diese Monitore irgendetwas Wichtiges bei deinem Bruder verpassen, was dazu führen könnte, dass er bis zum Abendessen ein hirntoter Zombie ist, dann verpiss dich mit deinem Handy aus diesem Krankenzimmer. Du kannst es auf einem der Balkone oder am Eingang benutzen.«

Kimberly starrt ihn böse an, seufzt, als sie sich ihre Handtasche über die Schulter hängt, und verlässt kopfschüttelnd den Raum.

»Sie war den ganzen Tag am Handy«, sagt Kevin und reibt sich mit der Hand über den Kiefer. In seiner Stimme schwingt Sorge mit.

»Es geht nicht um das Zeichen. Ich brauche eine Pause von ihr.«

Kevin bellt ein leises Lachen. »Oh. Gut, danke. Ich brauche ebenfalls eine.«

Patrick lächelt den Mann an, der Will einmal davon überzeugen wollte, nicht mit ihm verheiratet zu bleiben, und der jahrelang von Ryan Whitehead um den Finger gewickelt wurde. Die Zeit heilt offensichtlich wirklich alle Wunden.

»Wie lautet die Diagnose, Doc?«

»Leichte Gehirnerschütterung. Ich werde dich über Nacht zur Beobachtung hierbehalten. Es gibt keine Anzeichen dafür, dass man sich Sorgen machen muss, aber ich will sichergehen.«

Oder ich ziehe Wills Zorn auf mich, wenn seinem Onkel etwas passiert.

Kevins Blick wird nachdenklich. »Hat der Pfleger, der vorhin hier war, heute Nacht auch Dienst?«

Er hebt eine Augenbraue und grinst. »Nein, Varun hat Dienstschluss, aber die Nachtschwestern sind keine absoluten Idioten, also denke ich, dass es dir gut gehen wird.«

»Danke. Ich wünschte, ich könnte mich daran erinnern, was passiert ist. Und ich hoffe, dass Sunburst nach Hause gelaufen ist. Es gibt niemanden, dem ich genug vertraue, um ihn wieder zurückzuholen.«

»Er ist ein Pferd auf einer Pferdefarm. Es wird ihm gut gehen.«

Kevin nickt. »Also, wegen dieses Pflegers …«

»Ja, er ist schwul und noch zu haben.«

Sein Gesicht wird knallrot. »Ich … meinte nicht … Er …«

»Schon klar, er ist hübsch.«

»Er ist nicht …« Kevins Gesicht wird noch röter. »Ich bin nicht auf diese Art an ihm interessiert. Ich wollte nur sagen, dass du übermäßig vertraut mit ihm umgehst, und umgekehrt. Ehrlich gesagt möchte ich glauben, dass da nichts ist, aber ich kann nicht behaupten, dass es mir nicht durch den Kopf geschossen ist.«

Patrick lacht. »Oh bitte. Er hat wunderschöne Augen, aber er ist nicht Will.«

»Und er ist nicht Roy«, erwidert Kevin, verzieht seine Lippen und hat plötzlich einen traurigen Blick in den grau-grünen Augen.

Patrick nickt. »Verstanden.«

»Tja, nun. Gut. Ich musste nur sicher sein. Will hat in seinem Leben genug durchgemacht.«

Patrick verkneift sich mit Mühe einen giftigen Kommentar darüber, wie sehr er gelitten hat, weil Kevin und Kimberly in Ryan nicht das misshandelnde Arschloch sahen, das er war, aber er schluckt die Worte runter und gibt sich dafür tausend Bonuspunkte. Anscheinend hat er seine soziale Kompetenz verbessert, denn vor einem Jahr hätte er gesagt, was ihm durch den Kopf geht. »Wo wir gerade von Will sprechen«, sagt er, als er von Kevins Krankenbett aufsteht. »Ich muss nach Hause. Du ruhst dich aus. Tu, was die Schwestern sagen, und du kannst höchstwahrscheinlich morgen früh nach Hause gehen.«

Kevin lehnt sich zurück, der blaue Kittel lässt seine Augen schiefergrau wirken. »Danke für deine Hilfe. Ich weiß, dass es Kimberly beruhigt hat, dass du dich um mich gekümmert hast.«

»Für einen Patterson mache ich doch alles.« Patrick öffnet die Tür und betritt den stillen Flur. Es ist früher Abend und er hat sämtliche Arbeit verrichtet, die im Krankenhaus zu tun war. Jetzt ist er bereit, nach Hause zu Will zu gehen.

Kapitel 5

Will lässt seine Schlüssel in den Korb auf dem Regal neben der Tür zur Garage fallen und atmet tief und langsam durch. Die sanft hellgrünen Wände und die cremefarbene Ausstattung der Küche gehen in die warmen Erdtöne des Flurs über. Sommerliches Abendlicht scheint durch das große Fenster über dem Küchentisch und beleuchtet den strahlenden Marmor der Arbeitsplatte und die Edelstahlarmaturen. Seine Schultern entspannen sich. Zu Hause. Das ist sein Lieblingsort.

Er geht zu dem breiten, dunklen Holztisch und stellt die Tüten, die er von *Jimmy's*, dem Diner in ihrer Nähe, mitgebracht hat, auf den Tresen. Für Patrick hat er einen Mac 'n' Joe geholt, für sich selbst einen Hamburger und Pommes. Nachdem er früher am Tag ein Workout in dem neuen Fitnessraum, das er in dem Büro von Good Works eingerichtet hat, absolviert hat, fühlt er sich durchaus berechtigt, seinen Körper mit kalorienreichem, fettigem, köstlichem Essen zu verwöhnen.

Der Klang ihres Klaviers tönt aus dem Wohnzimmer, als er die Tüten auspackt. Will lehnt seine Hüfte gegen die Theke und hört zu. Als ihn die Musik einhüllt, entspannen sich seine Muskeln, und sogar seine Haare scheinen sanfter auf seiner Kopfhaut zu liegen. Der Knoten aus Traurigkeit, den er seit seiner Unterhaltung mit Caitlin über Ryan spürt, löst sich und er kann wieder ruhig atmen. Dann ändert sich die Musik. Er hebt den

Kopf, ein Lächeln umspielt seine Lippen. Patrick spielt einen Popsong, der in den letzten Wochen zu einem absoluten Ohrwurm geworden ist. Der Refrain ist leidenschaftlich und klagend. Er erzählt von einer Verliebten, die verzweifelt nach dem ruft, den sie verloren hat. An dieser Stelle hämmert Patrick regelrecht in die Tasten und Will erschaudert durch die Emotion, die von der Musik ausgeht. Trotzdem ist er überrascht, dass Patrick diesen Song bewusst spielt. Er weiß, wie sehr Patrick diese Sängerin verabscheut. Er nennt ihre schwüle Stimme *lächerlich* und ihren Modegeschmack *wahnsinnig*. Wie auch immer, Will liebt es, wie Patrick instinktiv fast alles aufgreift, was er hört, besonders jetzt, wo er endlich wieder spielt, nachdem er das Klavier jahrelang wegen des Missbrauchs seines Vaters nicht einmal mehr angesehen hat. Will lauscht noch ein wenig, dann packt er ihr Essen weiter aus. Der Duft lässt ihm das Wasser im Mund zusammenlaufen.

»Puddin' Pop«, ruft Patrick. »Komm her und mach etwas, um diesen scheußlichen Song aus meinem Kopf zu kriegen.«

»*Du* kommst hierher und isst mit mir zu Abend«, ruft er zurück.

Ein paar Sekunden später schlendert ein müder und erschöpfter Patrick in die Küche. Sein immer ordentliches, lockiges, kastanienbraunes Haar sieht aus, als hätte er es durchgewuschelt, und er hat einen rötlichen Fünf-Uhr-Bartschatten. Er ist barfuß und trägt seine schwarze Lieblingsjeans zu einem rostfarbenen Button-Down-Hemd, von denen er vier besitzt. »Mac 'n' Joe?«, fragt er mit scharfem Blick und scannt die Verpackungen, während er schnuppert.

»Na sicher.«

»Gott sei Dank.«

»So ein Tag also, hm?« Will faltet die Papiertüten zusammen, in denen sich das Essen befand, und wirft sie in den Papiereimer.

»Für dich auch?«

Will nickt. Allerdings will er nichts darüber sagen, was seine Schwester ihm über Ryan erzählt hat. Das ist immer noch ein Streitpunkt, weil Will einfach nicht aufhören kann, sich um Ryan Sorgen zu machen. Er ist nicht mehr in den Kerl verliebt. Schon lange nicht mehr. Aber er empfindet eine grundlegende Fürsorge für seine erste Liebe. Will weiß, dass Patrick nicht eifersüchtig ist. Jedoch ist er der Meinung, dass es für Will nicht gesund ist, wenn das Thema Ryan aufkommt. Und wenn man bedenkt, wie schuldig und widerlich er sich den ganzen Tag fühlt, seit Caitlin ihm erzählt hat, dass Ryan im Krankenhaus im Sterben liegt, hat Patrick wahrscheinlich sogar recht.

Sie decken gemeinsam den Tisch und setzen sich, um ihr Abendessen zu verschlingen.

»Wie ist es mit Caitlin gelaufen?«, fragt Patrick schließlich. »Sie schien aufgeregt zu sein, als sie mich gestern anrief, um sich zu verabschieden.«

Will seufzt. »Sie wird nie zurückkommen.«

»Nö.«

»Du sollst mich beruhigen.«

»Warum sollte ich das tun? Sie kommt nicht zurück.« Patrick wedelt mit seiner Gabel. »Ich würde nicht zurückkommen, wenn ich sie wäre.« Er kaut einen weiteren riesigen Bissen von dem Mac 'n' Joe und stöhnt leise. »Das ist gut.«

»Das sagst du jedes Mal.«

»Weil es jedes Mal gut ist. Und du hast recht. Ich sollte dich beruhigen. Aber ich kann nicht. Deine Schwester ist nicht die hellste Birne im Kronleuchter der Familie Patterson, aber sie ist schlau genug, um zu gehen und nie wieder zurückzukehren.« Er wischt sich mit einer Serviette über den Mund. »Man muss kein Genie sein, um weit weg von Healing und, noch wichtiger, von Kimberly sein zu wollen.«

Will beißt von seinem Burger ab, kaut und schluckt, ehe er sagt: »Mom ist nicht so schlimm.«

»Doch, ist sie.«

»Ich weiß, aber …« Er windet sich auf seinem Stuhl. »Sie ist meine Mutter.«

»Das ist ja das Schlimme.« Er mustert ihn intensiv. »Sie ist dir heute Morgen unter die Haut gegangen, was?«

Will drückt Ketchup auf seine Pommes und schiebt sich zwei in den Mund. »Ich weiß nicht, wie sie das macht, aber sie schafft es immer, dass ich mich schuldig fühle. Als hätte ich mir nicht das Recht verdient, mein Leben so zu leben, wie ich es will.«

»Du hast alles, was du hast, mehr als verdient.«

»Ich weiß. Sie ist nur …« Will verschluckt den Rest seines Satzes und beißt dafür erneut von seinem Burger ab. »Lass uns nicht über sie reden. Wie war dein Tag?«

Patrick macht ein ekelerfülltes Geräusch, schiebt sich mehr von seinem Abendessen in den Mund und zuckt mit den Schultern. »Ein weiterer Tag im Paradies.«

»Wie ist die Operation heute Morgen gelaufen?«

»Sie wurde abgesagt. Der Patient hat Fieber bekommen.«

»Deshalb bist du so mürrisch.« Will lächelt. »Du hast heute nicht im Kopf von irgendwem herumstöbern können.«

Patrick knurrt leise. »Ich habe viele Gründe, schlecht gelaunt zu sein. Deine Familie ist nervig und die Krankenschwestern hier sind kriminell.«

Will erstickt fast an seinem Lachen. »Die Krankenschwestern sind was?«

»Verbrecher.«

»Okay, erzähl.«

Patrick wischt sich den Mund ab und beginnt mit einer langen und irritierenden Geschichte über eine Krankenschwester, die er verdächtigt, Medikamente gegen Krampfanfälle auf den Krankenakten zu notieren, ohne sie den Patienten tatsächlich zu verabreichen. Die gesamte Geschichte dauert lang genug, damit beide ihre Mahlzeit beenden und vom Tisch auf die bequeme Couch im Wohnzimmer wechseln können. Während des Tages war die Haushälterin in der Wohnung, sodass die Fernbedienungen sorgfältig auf dem breiten Tisch aufgereiht sind und der Fernseher und die Fenster zu ihrem großen grünen Garten staubfrei und makellos glänzen.

»Ihr Name ist Ruby irgendwas«, resümiert Patrick mit einem Blick, als würde der Name schon alles sagen. Er dreht sich um und legt seine nackten Füße in Wills Schoß. »Sie ist neu und eine Rothaarige. Vertraue niemals einer Rothaarigen.«

»Du und Connor seid beide rothaarig.«

»Ich wette, sie ist auch Schütze vom Sternzeichen. Ich würde mein Geld darauf verwetten.« Patrick tippt nervös auf sein linkes Bein, während er sich ausstreckt, um es sich auf der Couch bequemer zu machen.

»Ist dir aufgefallen, dass du dich auf diese Frau festlegst?«

Gelegentlich kommt es zu einer Fixierung bei Patricks Autismus-Spektrum-Störung. Sein Gehirn findet einen *Feind* und er kann nicht loslassen, ehe er ihn besiegt hat.

»Jetzt klingst du wie Don«, grummelt Patrick. Er wackelt mit den Zehen und Will gibt nach und massiert ihm die Füße. »Ah, so ist es besser.«

»Also hast du mit Don über die Krankenschwester gesprochen?«

»Na sicher. Ruby Wieauchimmer muss aus meinem Krankenhaus verschwinden. Und zwar gestern.«

Will gräbt sich in den Bogen von Patricks linkem Fuß. »Okay, und wie ist diese Unterhaltung gelaufen?« Don Knight ist ein großer Fan von Patrick, also geht Will davon aus, dass es einigermaßen gut gelaufen ist, aber Don ist auch ein fairer Mann, also wird er nicht bloß auf Patricks Verdacht hin die Karriere einer Frau ruinieren.

Patrick rollt mit den Augen. »Es war natürlich nervig. Ich habe ihm gesagt, was ich dir erzählt habe, und ich habe ihn gefragt, wie ich es mir gehen soll, wenn ich meine Patienten für zehn Tage allein lasse, während die Krankenschwestern Medikamente aufschreiben, die sie nie ausgegeben haben.«

»Was hat er gesagt?«

»Etwas darüber, dass wir nicht nur auf das Schriftliche vertrauen sollen und auf die Laborergebnisse bezüglich des Urins meines Patienten warten müssen. Als ob ich nicht wüsste, wie fünfhundert Milligramm Keppra gegenüber null aussieht.« Patrick zischt, als Will eine empfindliche Stelle an seiner Ferse bearbeitet.

»Bis er Beweise hat, sind Don die Hände gebunden.«

Er schließt die Augen und legt den Kopf zurück, während Will ihn an den empfindlichen Punkten seiner Füße massiert. »Ist mir schon klar.«

Will denkt über die Situation nach, während er die Massage fortsetzt. »Wenn sie die Dosis nicht an den Patienten ausgegeben, aber in der Akte notiert hat, was hat sie dann mit dem Medikament gemacht? Es ist nicht so, als gäbe es auf den dunklen Straßen von Healing eine große Nachfrage nach Keppra.«

»Vielleicht im Reservat. Die Leute da draußen haben es schwer, die benötigten Medikamente von den indianischen Gesundheitsdiensten zu bekommen. Sie müssen dafür weit fahren. Es kann gefährlich, wenn nicht unmöglich für jemanden mit Krampfanfällen sein, eine Fahrt nach Eagle Butte zu einem Termin zu bewältigen. Das ist ein Problem und muss behoben werden. Die

Leute in den Reservaten verdienen Gesundheitsversorgung.«

»Auf jeden Fall.«

»Trotzdem kann diese Ruby nicht einfach …«

»Patrick. Warten wir auf den Urin. Vielleicht metabolisiert dein Patient schneller, als es sein sollte.«

Er runzelt die Stirn. »In diesem Fall braucht man eine weitere MRT, um zu sehen, ob etwas mit ihrer Leber passiert oder …«

»Richtig. Und das ist nichts, was in deiner Abwesenheit nicht auch gemacht werden kann. Beruhige dich. Don und Dr. Lerma werden in der Lage sein, mit allem fertig zu werden, solange wir weg sind.«

Patrick nickt einmal scharf. Seine Finger trommeln erneut auf seinem Bein und seine Lippen verengen sich zu einer geraden, harten Linie. »Es ist ein Verbrechen.«

»Wenn sie Drogen stiehlt, wird Don durchgreifen. Das muss nicht *deine* Aufgabe sein.«

Er brummt und starrt über Wills Schulter hinweg. Der Blick seiner blauen Augen ist gedankenverloren. »Die verarscht meinen Patienten.«

»Ich weiß.«

Sie sitzen eine Weile schweigend da, bis Patrick seine Füße wegzieht und Will anstupst. »Du bist dran.«

Will streift seine Schuhe ab, zieht sich die Socken aus und seufzt lange, ehe er seine Füße in Patricks Schoß legt. Er ist zwar nicht den ganzen Tag auf den Beinen wie er, aber eine Massage lehnt er nie ab. Er stöhnt und lässt seinen Kopf gegen die Couchkissen fallen, während Patricks lange, geschickte Chirurgenfinger sich in die

Fußballen bohren und durch die empfindlichen Bereiche arbeiten. An der Art, wie Patricks Augen die Luft um sie herum absuchen, sieht Will, dass sein Mann immer noch an die Krankenschwester denkt und versucht das Problem zu lösen. In der Stille ihres Wohnzimmers werden die abendlichen Schatten länger. Seine eigenen Gedanken kehren zur Einfahrt zurück: Sonnenlicht schimmerte auf Caitlins Haar, als sie ihm von Ryan erzählte. Er leckt sich über die Lippen, öffnet den Mund und schließt ihn wieder. Die Augen fest geschlossen, versucht er, die Magie von Patricks Fingern wirken zu lassen, doch er wird das Bild von Ryan nicht los: Gelbe Haut, eingefallene Augen, mit Maschinen im Krankenhaus verkabelt, darauf wartend, zu sterben. Er reibt sich die Augen und müht sich, das Bild zu vertreiben.

»Wenn sie meine Patienten verletzt, verdient sie eine Strafe«, murmelt Patrick.

Wills Kehle trocknet aus, eine Idee kommt ihm in den Sinn, eine Möglichkeit, seine Schuldgefühle auszublenden und Patrick von seiner Besessenheit abzulenken. Er räuspert sich. »Du willst jemanden bestrafen?«, fragt er, öffnet den obersten Knopf seines Hemds und entblößt einen Streifen seines Brusthaars.

Patricks Blick schweift in seine Richtung.

Will lächelt und macht einen weiteren Knopf auf, enthüllt noch mehr von dem Fell, von dem er weiß, dass Patrick es so sehr liebt. »Ich kenne jemanden, der darauf steht, verprügelt zu werden. Er könnte bereit sein, die böse Krankenschwester zu spielen. Falls du das willst.«

Patricks Lippen entspannen sich, die blauen Augen weiten sich langsam. »Hat dieser Jemand einen geilen Arsch, mit dem er genauso wackelt, wie ich es mag?«

»Ich habe gehört, dass er das tut.«

»Beweise es.«

Will zieht seine Füße aus Patricks Händen, steht auf, stöpselt sein Glucosegerät ab und zieht sein Hemd aus, bevor er den Gürtel öffnet. Er streift seine Hose nach unten, dreht sich herum und wölbt den Rücken, um seinen nackten Arsch zu zeigen. »Wie ist das?«

»Hmmm, ich bin mir nicht sicher.« Seine warmen Hände greifen seine Gesäßhälften und er schlägt leicht auf die rechte. »Ja, das ist es, was ich mag.« Erneut schlägt er zu, diesmal ein wenig fester, sodass Will einen kleinen Satz macht. »Genau so.«

Will zittert, sein Schwanz erhebt sich, als er flüstert: »Willst du, dass ich die böse Krankenschwester spiele?«

Patrick zieht ihn zurück auf die Couch und bugsiert ihn auf seinen Schoß, das Kinn über die Schulter gelehnt. »Äääh m, nein. Lass uns stattdessen den gefangenen Superhelden spielen.« Er bewegt seine Hüfte, bis sich sein harter Schwanz unter dem weichen Stoff seiner Jeans zwischen Wills Arsch drückt.

Will lacht leise. Gefangener Superheld ist ein albernes Spiel, aber es wird die Spannung lösen, die in der Luft hängt. »Dr. Bösewicht, ich werde deine bösen Pläne vereiteln.«

Patrick schiebt seine Hände an Wills Schenkeln hoch, durch sein Schamhaar, wobei er die Berührung mit dem harten Schwanz vermeidet, fährt dann über seinen

Bauch, vorbei an der Infusionsstelle und dem Blutzuckersensor, bis zu seinen Brustwarzen, die er sanft zwickt.

»Sie werden es nie schaffen, dass ich komme, Dr. Bösewicht. Niemals«, flüstert Will und tut so, als würde er gegen seinen Griff ankämpfen. »Ich werde nicht brechen.«

Seine nackte Haut an Patricks Kleidung macht ihn immer an und sein Schwanz wird noch härter, was einen Tropfen Vorfreude aus der Spitze dringen lässt.

»Das werden wir noch sehen, Supergutmensch.« Er manövriert Will bäuchlings auf die Couch, mit hoch erhobenem Gesäß, ausgestreckt über Patricks Oberschenkel. Zuerst schlägt er sanft auf Wills Arsch, und Will windet sich, versucht ihn dazu zu bringen, härter zuzuschlagen. Patrick schlägt ihn wieder leicht und Will packt erwartungsvoll die Kissen.

»Du bist schwach, Dr. Bösewicht«, sagt er mit seiner besten Superheldenstimme. »Ich werde dich besiegen.«

»Schwach?« Patrick schlägt ihm fester auf den Hintern und Will reckt sich dem Hieb entgegen und kann kaum das begeisterte *Ja* zurückhalten, das ihm über die Lippen kommen will. »Ich zeig dir, wer hier schwach ist, Supergutmensch.« Gleich darauf prasseln ein paar wirklich heftige Schläge stechend auf Wills Arsch ein. Patrick packt ihn mit beiden Händen, um die festen Backen gierig zusammenzupressen, bevor er ihn erneut schlägt.

Will stöhnt und grinst in das Kissen. »Du bist böse, Dr. Bösewicht. Teuflisch.«

»Du wirst um Gnade flehen.«

»Niemals.«

»Ich werde dich betteln lassen, kommen zu dürfen.«

»Niemals!«

Patrick nimmt zwei seiner eigenen Finger in den Mund und befeuchtet sie, ehe er damit fest gegen Wills Loch drückt und Einlass erhält, während Will den Po hebt, um Patrick in sich zu lassen. Patrick bewegt seine Finger in ihm und Will stöhnt. »Genau wie ich es mir dachte. Eine richtige Schlampe.«

Schweiß zieht sich über Wills Körper und seine Stimme klingt atemlos, als er sagt: »Ich werde nie für dich kommen! Ich werde dir bis zum Ende aller Zeiten widerstehen.« Aber er hebt seinen Arsch und nimmt Patricks Finger tiefer in sich auf. Als Patrick anfängt, seine Prostata zu massieren, reibt Will hektisch seinen Schwanz gegen seine zu weiche Jeans und flucht gedanklich, weil Patrick die raueren Stoffe meidet.

»Du bist ein schmutziger, versauter Junge, Supergutmensch.«

»Bin ich!«, stöhnt Will und drückt sich weiter auf Patricks Finger. »Ich bin ein fürchterlich schmutziger Junge.«

Patrick lacht. »Du liebst es so sehr, gefingert zu werden, dass du nicht einmal so tun kannst, als würdest du es hassen.«

Auf der Couch, drapiert über Patricks Beine, mit der Lust, die von seiner Prostata aus durch seinen Körper schießt, erlaubt sich Will, sich in ein leise bettelndes Durcheinander aufzulösen. Patrick spielt das Spiel noch ein wenig weiter. »Gib mir einfach deinen Schwanz, Patrick«, wimmert Will. »Bitte.«

»Pech, Supergutmensch. Sieh dir an, worauf du reduziert bist. Was würden die guten Leute von Healing jetzt von dir denken?«

»Bitte«, flüstert er. »Ich will kommen, wenn du mich fickst.«

»Was würden sie denken, wenn sie ihren Superhelden nach dem dicken Schwanz von Dr. Bösewicht betteln hören wie eine Schlampe?«

Will wimmert und windet sich in dem Versuch, genug Reibung an seinem Schwanz zu bekommen. »Patrick.«

»Ja, Supergutmensch?«

»Fick mich, du Idiot.«

Patrick gluckst und dreht seine Finger erneut in seinem engen Arsch. Wills Schwanz schmerzt und schwillt noch weiter an und er stößt härter gegen Patricks Beine. »Bitte, Patr…«

Er schnaubt. »Äh, äh. Dr. Bösewicht.«

»Bitte, Dr. Bösewicht.« Wills Stimme ist rau und kratzig, die Couchkissen sind von seinem Griff zerknittert, und sein Arschloch brennt leicht von dem feuchten Fingerfick. »Lass mich kommen«, fleht er wieder. »Schieb mir deinen Schwanz rein und lass mich kommen.«

Patrick zischt, zieht seine Finger aus Will und wischt sie mit einem Taschentuch ab, das er vom Tisch nimmt.

Will dreht sich um und schnappt sich sein Gesicht, um ihn leidenschaftlich zu küssen. Ihre Zungen umschlängeln einander. Will rutscht von Patricks Schoß auf den

Teppich auf dem Parkett und zieht Patrick dabei mit sich. Gierig schiebt er seine Hose über die Hüften und ächzt lustvoll, als Patricks Schwanz hart und an der Spitze feucht herausschnellt. Genussvoll saugt er ihn in den Mund und schmeckt den Lusttropfen auf seiner Zunge. Dann stellt er sich auf alle viere, der Teppich kratzt unter seinen Knien, und präsentiert Patrick seinen Arsch. Über seine Schulter hinweg sagt er: »Schieb mir deinen Schwanz rein, Dr. Bösewicht.«

Patrick spuckt in seine Hand und reibt damit über seine Eichel, ehe er mit seiner Spitze gegen Wills Loch drückt. »Das wird brennen.«

»Tu es.«

Während er sich in Will rammt, stöhnt Patrick.

Will wirft den Kopf zurück und ächzt vor Vergnügen und Schmerz. Das Brennen, das das grobe Eindringen verursacht, durchbricht den Nebel seiner Lust und er flucht leise. Patrick zieht sich aus ihm und holt Gleitgel aus der Schublade des Couchtisches. Rasch trägt er es auf, lässt Will erzittern und rammt sich dann einmal mehr in ihn. Beide schreien vor Vergnügen.

»Ja«, haucht Will, als sich Patrick gegen seinen Rücken drückt und dessen Hemd rau über seine entblößte Haut schabt. »Stoß zu. Ich will es. Ich will dich.«

Patrick legt seine Hände locker um Wills Hals, beschleunigt seinen Rhythmus und stößt hart und schnell zu. Das Geräusch von Fleisch, das auf Fleisch klatscht, und der Geruch ihres Ficks vernebelt ihre Sinne. Patrick grunzt und flüstert Will schmutzige Dinge ins Ohr.

Will stöhnt und windet sich in dem Versuch, seinen Orgasmus zu erreichen. Er ist hungrig danach.

Patrick fasst um ihn herum und packt seinen Schwanz. »Wirst du für mich kommen?«, knurrt er dunkel und heiß in sein Ohr.

»Ja!«

»Dann komm!«

»Ich bin kurz davor. Härter«, fordert Will und schiebt sich jedem Stoß entgegen; sein Körper bebt vor Vergnügen. »Jetzt, bitte, hart. Härter.« Patricks Hand verengt sich um seine Kehle, besitzergreifend und befehlend. »Ja! Oh ja, bitte!« Will beißt sich auf die Lippe, sein Körper spannt sich an, Samen schießt in Schüben aus seinem schmerzenden Schwanz. Er windet sich unter Patricks noch immer zustoßendem Leib, bevor er sich zitternd zu Boden sinken lässt.

Als Will sich durch die Nachbeben atmet, packt Patrick seine Hüften und rammt sich in ihn. Er bohrt sich so weit wie möglich hinein und erzittert, als er schließlich ebenfalls abspritzt. Sein atemloses Stöhnen dringt kaum durch Wills in den Ohren hämmernden Puls. »Und so fickt Dr. Bösewicht Supergutmensch«, murmelt Patrick, nachdem sein eigenes Nachbeben nachlässt.

Will lacht leise, seine Glieder protestieren gegen den rauen Sex auf dem Boden. In seinem Hinterkopf erklärt ein Hauch von Realität, wie viel Unordnung sie jetzt aufräumen müssen.

Patrick zieht sich langsam zurück, damit jeder noch so kleine Tropfen seines Samens in Will bleibt. Er lässt sich neben Will auf den Boden sinken und zieht ihn an sich heran.

»Das war fantastisch«, murmelt Will verträumt und müde. Die Dinge, über die er nicht nachdenken wollte, sind in Patricks Armen im Glück der Erholung nach dem Sex verblasst.

»Übrigens«, sagt er mit vom Stöhnen rauer Stimme. »Dein Onkel wird wieder gesund.«

»Hm?«

»Hat dir deine Mutter keine SMS geschrieben?«

»Über was?« Seit dem Meeting mit Owen ist sein Handy ausgeschaltet, hauptsächlich, um der Hysterie seiner Mutter über Caitlins Fortgang zu entgehen. Er hat einfach nicht die Energie für sie, nachdem er das über Ryan erfahren hat.

Mist. Ryan.

»Dein Onkel liegt mit einer Gehirnerschütterung im Krankenhaus. Er bleibt zur Beobachtung über Nacht. Es geht ihm aber gut.«

Will setzt sich auf und schüttelt Patricks Arm ab. »Ich hatte keine Ahnung. Ich sollte … Wir sollten …«

Patrick legt ihm beruhigend eine Hand auf den Arm und schüttelt den Kopf. »Nee. Wir sollten aufräumen, im Bett lesen und dann schlafen. Wie ich schon sagte, es geht ihm gut.«

Will seufzt und reibt sich über das Gesicht.

Patrick runzelt die Stirn und beobachtet ihn einen Moment lang eingehend. »Schließ dich wieder an das Gerät an, damit wir einen Test machen können. Ich hole uns ein wenig Fruchtsaft.«

Will stöpselt den Schlauch für das Gerät an, zieht seine Unterwäsche an, um die Pumpe daran zu befestigen, und wartet. Patrick kommt mit Saft zurück. Will trinkt, während er ihm für den Test in den Finger sticht.

»Ein bisschen niedrig, aber dir geht es gut.«

Will nickt und reibt sich über sein Gesicht. »Ich fühle mich ein wenig schwindlig. Ist der Sensor in Ordnung?«

Patrick löst vorsichtig das Pflaster über dem Sensor an Wills Bauch und zieht ihn zurück. »Ich weiß es nicht. Zur Sicherheit setzen wir einen neuen ein.«

Er trinkt seinen Saft und lässt ihn den Wechsel erledigen. Will ist nach dem Sex müde und erschöpft, jetzt, wo er sich an Ryan erinnert hat. Sein niedriger Blutzuckerspiegel hilft seiner Laune auch nicht. Nachdem Patrick damit fertig ist, alles doppelt zu verpflastern, und sein Saftglas leer ist, beseitigen sie die Unordnung, die sie gemacht haben, bevor sie nach oben gehen, um zu duschen.

»Willst du nicht in den Urlaub fahren?«, fragt Will, während er sich die Haare wäscht und zusieht, wie sich Patrick ihm gegenüber in der zweiten Dusche einseift.

Patrick runzelt die Stirn. »Wieso?«

»Es hat vorhin so geklungen, als würdest du dir Sorgen machen, weil du deine Patienten anderen Ärzten anvertrauen musst.«

»Ich habe diese Reise bis ins letzte Detail geplant. Wir fahren.«

»Aber es wird keinen Spaß machen, wenn du in Panik verfällst.«

»Panik ist übertrieben. Ich mache mir einfach nur Gedanken darüber. Aber ich habe dir versprochen, dass du deine Flitterwochen bekommst, und du *wirst* deine Flitterwochen bekommen.«

Will lächelt, aber nicht von ganzem Herzen. Vielleicht ist es egoistisch, jetzt wegzufahren. Vielleicht sollte er nach Vermillion fahren und sich davon überzeugen, dass Ryan gute medizinische Versorgung erhält. Vielleicht braucht seine Mutter seine Hilfe bei den Kindern. Und was, wenn Patrick sich irrt und es Kevin nicht gut geht?

»Hey, jetzt brich *du* nicht in Panik aus«, sagt Patrick und geht auf ihn zu. Seife glänzt auf seiner Haut und seine blauen Augen haben den wissenden Blick, der Will zum erschaudern bringt. »Wir machen Flitterwochen und niemand, nicht einmal wir, wird uns dabei in die Quere kommen. Verstanden?«

Wills Lächeln wackelt, aber er weiß, dass Patrick recht hat. »Verstanden.«

Fast anderthalb Stunden später schläft Patrick an seiner Brust, und Will wünscht sich, dass er mit ihm über Ryan gesprochen hätte. Er will ihn sagen hören: *Es ist nicht deine Schuld.* Manchmal fällt es ihm schwer, die einfache Wahrheit zu glauben. Er gibt Patrick einen Kuss auf die Stirn, vergräbt sich unter der Decke und findet in sich die Stärke, um die Schuldgefühle von sich zu schieben. Hoffentlich kann er eines Tages akzeptieren, dass er nicht alles und jeden retten kann. Er ist kein echter Superheld.

Teil zwei

Kapitel 6

»Hast du Dinah geschrieben?« Will blättert sich durch einen Stapel "Good Works"-Verträge und Papiere, die er für den Flug im Privatjet mitgebracht hat. Sie haben Reiseflughöhe erreicht und der Pilot hat das Okay gegeben, sich abzuschnallen und zu entspannen.

»Ja. Ich habe ihr heute Morgen eine SMS geschrieben.« Patrick schließt die Augen und hofft, dass das Xanax, das er geschluckt hat, bald zu wirken beginnt. Er hasst die Höhe, und das Fliegen ganz besonders. Und das Schlimme: Dieser Flug wird lächerlich lang sein. Warum haben Jenny und er keinen näheren Ort gewählt? Etwas in Fahrdistanz? North Dakota ist zu dieser Jahreszeit bestimmt auch wunderschön.

»Und?«, fragt Will.

»Die Adoption von Eric geht klar.«

»Das ist großartig! Dinah und Phil müssen vor Freude platzen.«

»Darauf kannst du wetten.« Patrick setzt sich auf und sieht Will an, der von der Sonne durch das Fenster angestrahlt wird. »Allerdings ist Jane sauer, weil sie nicht versteht, warum sie sie nicht auch adoptieren können.«

»Lass mich raten: Ihre biologische Mutter zieht immer noch denselben In-letzter-Minute-Scheiß ab.«

»Monate ohne Kontakt und dann, kurz bevor das Gesetz zur Kindesenthebung in Kraft tritt, taucht sie auf.«

»Fies.«

»Sie liebt ihre Tochter«, murmelt er. »Aber nicht genug, um sie für immer zu verlassen.« Patrick spürt das Echo seiner eigenen Familienqual um sich herum. Sein Vater war Alkoholiker, der nie über den Tod von Patricks Mutter hinwegkam. Er hatte Patricks Talent am Klavier benutzt, um Geld für Alkohol zu verdienen und die Miete zu bezahlen. Wenn das nicht genug war, war er bereit gewesen, Patrick zur Prostitution freizugeben. Das war der Moment, an dem er sich an den Kinderschutzbund wandte und zusammen mit Phil und Dinah ein Pflegekind wurde. Diese schlechten Erinnerungen sind wie Kreide in seinem Mund und er schluckt sie mit einem bitteren Ausdruck im Gesicht herunter.

»Ich hoffe, du hast Dinah, Phil und den Kindern Grüße von mir ausgerichtet.«

Patrick zuckt mit den Schultern. »Warum sollte ich? Sie wissen, dass du an sie denkst.«

Will verdreht die Augen, lacht aber leise. Dann dreht er sich um und schaut aus dem Fenster auf die dicken Wolken, die vorbeiziehen.

Solange Patrick nicht nach unten sieht oder über die Tatsache nachdenkt, dass sie nur durch Luftdruck und Schubkraft am Leben gehalten werden, geht es ihm gut. Tatsächlich machen die Wolken vor dem Fenster alles besser. Es ist, als könnte er sich auf sie stellen und ein Nickerchen in der Sonne machen. Er runzelt die Stirn. Wills fantasievolle Denkweise färbt auf ihn ab. Oder vielleicht liegt es am Xanax.

»Also, wurde die Krankenschwester entlassen?«, fragt Will leise. »Ich habe dich vorhin mit Don telefonieren hören. Es waren nur, was, drei Tage? Sie haben die Beweise schnell gefunden.«

»Ja. Ich hatte natürlich recht. Habe ich immer.«

»Und was bedeutet das nun für sie?«

»Es wird Anklage erhoben.« Patrick rümpft die Nase. »Das liegt nicht mehr in meiner Macht.«

Er nickt und seufzt. »Die Leute treffen manchmal echt schlechte Entscheidungen.« Er zittert ein wenig und Patrick sieht sofort nach, ob die Lüftung über ihnen zu weit offen steht. »Was hat sie mit den Medikamenten gemacht, die sie nicht deinen Patienten verabreicht hat?«

»Sie hat gehortet, was sie konnte, um es ins Reservat zu bringen. Die indianische Gesundheitsversorgung ist scheiße.«

»Ich weiß. Aber lass uns nicht darüber reden, wie viele Versprechen die amerikanische Regierung gegenüber den Ureinwohnern gebrochen hat. Das ist zu deprimierend und wir sind im Urlaub.«

Patrick runzelt die Stirn. »Stimmt. Urlaub. Nur du und ich für ganze zehn Tage.« Er ergreift seine Hand. »Zum Schluss wirst du mich satt haben.«

»Niemals.« Wills braune Augen leuchten auf und sein Herz überschlägt sich. Er liebt es, wenn diese Augen leuchten. »Wirst du mir verraten, wohin wir fliegen?«

»Nein.«

»Ich weiß, dass es irgendwo ist, wo es warm ist, weil du meine Sommerkleidung eingepackt hast.« Er grinst und knufft ihn in die Seite. »Willst du mich wirklich im Unklaren lassen, bis wir gelandet sind?«

Patrick zuckt mit den Schultern.

Will löst seinen Sicherheitsgurt und startet einen Angriff auf Patrick, kitzelt ihn, was sinnlos ist, weil er nicht kitzlig ist, und lacht. »Sag es mir. Sag es mir endlich.«

Patrick nimmt seine Hände und küsst ihn sanft.

Der Pilot unterbricht sie mit einer Durchsage. »Mr. Patterson, Dr. McCloud, ich hoffe, Sie fühlen sich da hinten wohl. Wir werden eine Zwischenlandung auf dem Los Angeles International Airport machen, um aufzutanken, dann geht es direkt zum Kona International Airport auf der Großen Insel von Hawaii. Wenn Sie uns brauchen, betätigen Sie einfach die Intercom-Taste.«

Patrick seufzt, als Will vor Freude aufspringt. So viel zur Überraschung.

»Hawaii?« Will geht auf die Knie und drängt sich zwischen Patricks. »Dort war ich noch nie.«

»Ich weiß.«

»Ich wollte schon immer nach Hawaii!« Sein Grinsen ist all die Mühe, die er investiert hat, wert.

»Ich weiß.«

»Oh, du liebst mich.«

Patrick windet sich beschämt in seinem Sitz, obwohl er den Ehering trägt, der seine lächerlich grobe Liebe zu Will und seine völlige Hingabe beweist. »Natürlich liebe ich dich«, knurrt er. »Du bist …«, er wedelt mit der Hand, »eben so.«

Will strahlt wie die Sonne. »Ich liebe dich auch. Also, was ist geplant? Wohin geht es genau?«

»Die Große Insel für sechs Tage und dann Kauai für vier.«

»Das ist wundervoll!«

Patrick tippt sich auf das linke Bein und runzelt die Stirn, während er besorgt darüber aus dem Fenster schaut, dass Will am Ende enttäuscht werden könnte. »Ich habe viel recherchiert. Es wird romantisch sein. Jenny hat alles nachgeprüft und gesagt, dass es dir gefallen wird.«

Will lacht. »Dr. McCloud, ich glaube, du verdienst einen Midflight-Blowjob.«

Patricks Schwanz ist der gleichen Meinung und er rutscht auf seinem Sitz herum. »Ich bin froh, dass du glücklich bist.«

»Oh, ich *bin* glücklich«, sagt er, öffnet Patricks Gürtelschnalle und greift in seine Shorts. »Ich werde dir zeigen, wie sehr.«

***

Stunden später beobachtet Will Patrick beim Schlafen. Es ist hinreißend, wie sein Kopf in einem ungünstigen Winkel liegt und sein Mund dabei offen steht. Speichel läuft aus seinem Mundwinkel. Will schnaubt amüsiert. Er ist wohl noch immer heftig verknallt, wenn sogar ein sabbernder, hilfloser, zerknitterter Patrick entzückend für ihn aussieht. Sein Herz fühlt sich an, als wäre es aus Watte, leicht und weich, während er Patricks schlafendes Gesicht mustert. Er lehnt sich auf seinem Sitz zurück und dreht sich zum Fenster. Seit sie die kalifornische

Küste verlassen haben, fliegen sie durch endloses Blau über sich und endloses Blau unter sich. Er wünscht sich, schlafen zu können, aber sein Verstand rast. Da sind Gedanken an die kommenden zehn Tage, die Frage, wo sie wohnen werden, und die Aufregung darüber, dass Patricks Handy tatsächlich ausgeschaltet ist und auch für den Rest der Reise bleiben wird, die von dem üblichen, quälenden Schuldgefühl überlagert werden. Er denkt zurück an den Tag, an dem sich Ryan und er zum ersten Mal verabredet haben und wie sie Pläne schmiedeten, eines Tages nach Hawaii zu fliegen. Obwohl er seit ihrer erbitterten und bösen Trennung keinen Kontakt mehr zu Ryan hat, weiß er, dass Ryan nie die Chance hatte, nach Hawaii zu kommen. Und er weiß auch, dass das nicht seine Schuld ist. Mehr noch: Er weiß, dass er nichts anders machen würde. Er würde nicht zurück zu Ryan gehen und niemals wieder mit ihm zusammen sein. Aber sein Herz schmerzt immer noch, wenn er an den Mann denkt, den er einst geliebt hat, ob es nun eine kranke Liebe war oder nicht, und der jetzt in einem Krankenhaus vor sich hinvegetiert. Zu wissen, dass das Herz, dem er bei den seltenen Gelegenheiten, in denen Ryan mit ihm gekuschelt hat, gelauscht hat, bald für immer zu schlagen aufhört … Ein Wolkenbündel bricht das endlose Blau auf und Will studiert ihre Formen und versucht seine Gefühle zu verstehen. Patrick beschäftigt sich ständig mit dem Tod und Will ist sich nicht sicher, wie er das schafft. Denn jedes Mal, wenn Will sich ihm stellt, wird er aus der Bahn geworfen. Wie geht man vom Leben in den Tod über? Es ist unvorstellbar und doch ist es das Einzige, worauf sich jeder verlassen kann. Das ist eine Tatsache des Lebens.

»Warum strahlst du schlechtes Mojo aus?«, fragt Patrick.

Will fährt herum und sieht, dass er sich den Speichel vom Kinn wischt. »Das ist ein rassistischer Ausdruck, der den Glauben der einheimischen westafrikanischen Spiritualität missachtet.«

Patrick zuckt mit den Schultern. »Das beantwortet nicht, warum du es ausstrahlst.«

Er kann sein Lächeln nicht unterdrücken. »Ich habe nur nachgedacht.«

»Worüber?«

»Wie glücklich ich bin, nach Hawaii zu fliegen.«

Der Blick der blauen Augen wird schärfer. »Und …?«

»Und darüber, dass andere Menschen nicht so viel Glück haben. Manche Menschen kommen nie zu den Orten, von denen sie geträumt haben. Manche Leute werden krank. Manchmal sterben sie.«

Patrick schnaubt und öffnet seinen Gurt, beugt sich vor und durchstöbert die kleine Kühlbox zu ihren Füßen nach Sandwiches und Cola. Als er sich aufrichtet, hält er ein Eiersalatsandwich und eine Sprite für sich und ein Erdnussbuttersandwich mit Gelee und eine Cola für Will in den Händen. »Warum löst unsere romantische Reise bei dir solche morbiden Gedanken aus?«

Will wickelt sein Sandwich aus und rettet sich vor der Antwort, indem er einen großen Bissen nimmt.

Patrick schnallt sich wieder an verputzt sein Sandwich, als hätte er nicht erst eine Stunde zuvor einen Chicken-

Wrap verspeist. Gerade als Will glaubt, dass er nicht verraten muss, was er über Ryan weiß, beendet Patrick seine Mahlzeit und spült mit dem letzten Schluck Sprite nach. Anschließend fixiert er ihn mit stechendem Blick. »Also?«

Seufzend trinkt Will von seiner Cola und zuckt mit den Schultern. »Es ist keine große Sache.«

»Wo liegt das Problem? Wärst du lieber nach Cabo gefahren? Oder Baton Rouge?«

Will lacht.

»Wolltest du das großartige Cincinnati in den Flitterwochen besuchen? Oder hattest du Lust auf London? Paris im Frühling? Obwohl es immer noch Sommer ist?« Patricks Augen flattern verletzt. »Habe ich es vermasselt?«

»Nein!« Will greift nach seiner Hand und drückt sie. »Nein. Hawaii ist perfekt. Es ist genau das, was ich mir erhofft hatte, wenn ich meine Fantasie schweifen ließ.«

»Was ist es dann?«

Will packt den Rest seines Sandwiches wieder ein und verschließt die Cola sorgfältig. Er räuspert sich. »Nun, Caitlin hat mir etwas erzählt, bevor sie die Stadt verlassen hat, und ich bekomme das nicht mehr aus meinem Kopf.«

»Caitlin«, sagt Patrick langsam.

»Ja. Sie sagte, Hartley Kills Enemy sei kürzlich in der Stadt gewesen.«

Patricks Lippen werden zu einem schmalen Strich. »Aha.«

»Und dann hat sie mir den Rest erzählt.«

Er sieht Will weiter an, sagt aber nichts.

»Ich bin nicht sauer auf dich«, beruhigt Will ihn.

Patrick zieht die Brauen zusammen. »Warum solltest du das auch sein?«

»Weil du es mir nicht erzählt hast?«

Patrick schlägt die Hände über dem Kopf zusammen. »Ich dachte, es würde dich nur traurig machen, und wie du siehst, hatte ich recht. Welch Überraschung.« Er schüttelt den Kopf, knüllt die Verpackung seines Eiersalatsandwiches zusammen und wirft sie in die Kühlbox. Dann nimmt er Will das halb gegessene Sandwich ab und legt es ebenfalls zurück.

»Ich bin traurig. Ich wünschte, ich wüsste es nicht, dann bräuchte ich nicht darüber nachdenken.« Wills Magen zieht sich zusammen. »Macht mich das zu einem schlechten Menschen?«

»Nein. Es gibt nichts, was du tun könntest, um ihm zu helfen.«

»Ich könnte zumindest seine Krankenhausrechnung übernehmen. Das wäre eine Sorge weniger für ihn.«

Patrick winkt ab. »Ich habe das Krankenhaus angerufen, in dem er liegt, als ich das erste Mal in The Hurting Times davon gehört habe. Seine Behandlung ist bezahlt.«

»Von wem?«

Patrick zieht eine Braue hoch. »Ich habe da so etwas, das man Gehalt nennt und mit dem ich machen kann, was ich will.«

»Ich weiß. Ich … nur … Wirklich? Hast du das gemacht? Für ihn? Du magst ihn doch nicht einmal.«

»Ich mag *dich* und ich wusste, du würdest nicht wollen, dass er nicht die beste Pflege bekommt.« Er zuckt mit den Schultern. »Es ist erledigt. Du brauchst dir keine Gedanken darüber machen.«

Wills Kehle schnürt sich zu. »Warum bist du so süß?«

Patrick legt seinen Arm um Will und zieht ihn in eine unbeholfene Umarmung. »Hör auf, dumme Fragen zu stellen. Und um Himmels willen, ich bin nicht süß. Bäh.«

Er lacht laut auf und seufzt gegen seinen warmen Hals. »Ich liebe dich.«

»Ich weiß«, knurrt er. »Wir haben das alles hinter uns. Ich liebe dich. Du liebst mich. Wir sind auf Hochzeitsreise.« Er würgt, als wäre die ganze Angelegenheit eklig. »Lass uns nicht mehr darüber reden.«

Will schnallt sich ab und küsst Patrick hart. Als ihm die Luft ausgeht, drückt er seine Stirn gegen Patricks und flüstert: »Okay, aber ich liebe dich *wirklich*.«

»Ich weiß es *wirklich*«, flüstert Patrick zurück.

»Mr. Patterson, Dr. McCloud, wir werden in voraussichtlich fünfundzwanzig Minuten auf dem Kona International Airport landen. Wir hatten kräftigen Rückenwind und kommen deshalb ein wenig früher an.«

Die Durchsage des Kapitäns übertönt Wills weinerliches Lachen.

»Anschnallen«, sagt Patrick. »Die Sicherheit geht vor.«

Mit einem erwartungsvollen Grinsen folgt Will dem Befehl. Sie blicken aus dem Fenster und warten darauf, dass der schwarze Lavafels und das Grün der Großen Insel von Hawaii in Sicht kommen.

Kapitel 7

»Die Landebahn wurde 1801 gebaut, auf einem Lavastrom des Hua…« Patrick neigt den Kopf. »Hualālai. Habe ich das richtig ausgesprochen?«

»Denke, schon.« Will grinst. Er steht neben einer Skulptur von drei wunderschönen Hula-Tänzerinnen in der Mitte des tropischen Flughafens. Ihre Taschen stehen jeweils zu ihren Füßen und sie warten auf den Mann der Autovermietung. Will nimmt sich die Zeit, um die Sonne, den blauen Himmel, die Palmen und seinen Mann zu bewundern. Patrick trägt eine Sonnenbrille und hat die kurzen Ärmel seines hellgrünen Hemdes hochgekrempelt, um noch mehr seiner sommersprossigen Arme zu zeigen. Die Haare seiner Beine schimmern bis hoch zu seinen Khakishorts rötlich in der Sonne. Außerdem trägt er Flipflops, was in Will allerlei seltsame Dinge auslöst, die er nicht versteht. Den Rist von seinem Fuß im tropischen Sonnenlicht zu sehen, sollte nicht so sexy sein und ist es doch. In Healing trägt sein Mann nur Stiefel, Lederschuhe oder Laufschuhe. Die Flipflops lassen ihn beinahe wie eine andere Person wirken. Bis er spricht.

»Hualālai ist der zentrale Lavavulkan. Er entstand fast vollständig aus Lava.« Er hält inne und wischt über sein Handy, um eine Seite weiterzublättern.

»Sind diese Informationen aus einer App?«

»Wikipedia«, sagt Patrick und runzelt die Stirn. »Ich habe es noch nie als Informationsquelle für wichtige

Dinge akzeptiert, aber auf einer Reise kann es nützlich sein.«

Will schnaubt leise, als Patrick die historische Bedeutung des Flughafens erklärt, auf dem sie gelandet sind.

»Kona ist der einzige internationale Freiluftflughafen der Welt«, liest er vor, sieht auf und schiebt seine Sonnenbrille den Nasenrücken hoch. »Was beeindruckender wäre, wenn nicht die einzigen Flüge, die ihm den Titel 'international' verleihen, aus Kanada kämen. Oh, Moment mal. Aus Japan auch. Ich muss mich korrigieren.« Schweißperlen erscheinen auf seiner Stirn, eine Brise weht durch sein lockiges, kastanienbraunes Haar, das in der strahlenden Sonne kupfern glüht. Er nickt und ein Lächeln lockert seine Mundwinkel, als er sich umsieht. »Mir gefällt es.«

»Mir auch.« Will schiebt die Riemen seiner Herrenhandtasche höher auf die Schulter und richtet den Blumenkranz über dem Kragen seines pastellgelben Hemdes. Patrick hat die Blumen für ihn gekauft, als sie zu dem Geschenkshop des Flughafens kamen. Die Leinenshorts fühlen sich kühl in der Brise an, sind jedoch von dem langen Flug ziemlich zerknittert. So viel zur Mode.

»Die Blumen sind toll, oder?«, fragt Patrick.

Anscheinend hat Jenny gesagt, dass es romantisch sei, wenn Patrick einen Lei kauft, sobald sie von Bord gehen, und Will das gefallen würde. Aus irgendeinem Grund nimmt Patrick Jennys Rat in Bezug auf Romantik sehr ernst und selbst noch so viele Wiederholungen von *Du musst das nicht machen* konnten ihn nicht davon abhalten. Will ist ihm verwirrt gefolgt, als Patrick den nächsten Geschenkladen angesteuert und einen weißen und violetten Lei für Will und einen gelben für sich selbst ausgesucht hat.

Will hebt den Blumenkranz an die Nase und schnuppert. Und, verdammt, wenn das nicht romantisch ist und das nicht gefällt. Manchmal hat Jenny eben doch recht. »Der Kranz ist prima«, stimmt er zu und atmet erneut den würzigen Duft der Blüten ein. »Vielen Dank.«

Patricks zufriedener Gesichtsausdruck lässt sein Herz singen und Will knufft ihn mit der Schulter. »Deiner gefällt mir auch.«

Die gelben Blumen in Patricks Lei bewegen sich in der Brise und unterstreichen die goldenen Highlights in seinem Haar. Will nachahmend, schnuppert er an den Blüten und zuckt mit den Schultern. »Er ist in Ordnung.« Dann liest er weiter auf seinem Handy, murmelt leise die Fakten vor sich hin und dreht sich um, als würde er die Informationen in einen Raum werfen.

Will betrachtet den offenen, geschäftigen Flughafen. »Ich frage mich, was mit dem Gepäck passiert, wenn es regnet.«

»Es wird nass«, antwortet Patrick.

»Mhm. Ich schätze, das wird es wohl.«

»Da ist er.« Patrick nickt in die Richtung eines dunklen, gedrungenen Mannes, der sich ihnen mit einem Schild mit der Aufschrift *MCCLOUD* nähert. »Übrigens ist dieser Teil *meine* Idee, nicht Jennys.« Sein Grinsen wirkt aufgeregt.

Will folgt ihm neugierig und gespannt darauf, was Patrick vorbereitet hat. Sein Mund steht offen, als der Mann sie zu einem burgunderroten Porsche 911 Carrera mit heruntergelassenem Verdeck führt. »Wow«, äußert er, als der Mann Patrick die Schlüssel übergibt und sagt, dass er das Auto wieder hier am Flughafen abholen wird, bevor sie nach Kauai abreisen. Nachdem der Mann gegangen ist, wirbelt Will zu Patrick mit einem breiten Grinsen im Gesicht herum. »Den hast du uns gemietet?«

»Ich dachte mir, warum nicht? In Healing können wir so etwas niemals fahren. Winterreifen und viel Platz für deine Geschwister sind die Wörter, auf die es ankommt.« Er fängt an, ebenfalls breit zu grinsen. »Überrascht?«

»Das kannst du laut sagen. Das ist der Hammer!«

Patrick hebt stolz die Nase in die Luft. »Ich glaube, du vergisst manchmal, dass ich nicht nur der brillanteste Arzt des Landes bin, sondern auch der coolste Mann der Welt.«

»Und der bescheidenste«, sagt Will, während er ihre Taschen in den Fußraum zwischen ihren Sitzen und der Rückbank stellt. Sein Herz fühlt sich an wie ein Ballon, immer und immer leichter, und er fasst an die Seite des Autos, um nicht abzuheben.

»Ich fahre.« Patrick schlüpft in den Wagen und stellt den Sitz ein.

»Natürlich.« Will setzt sich neben ihn und legt seinen Sicherheitsgurt an.

Die hawaiianische Sonne scheint warm und übergießt sie mit goldenen Strahlen. Will winkt mit der Hand wie ein König und befiehlt: »Fahren Sie los, Dr. McCloud.«

***

Patrick mag es, wie die Sonne auf das goldene Haar von Wills Unterarmen strahlt und wie der Wind durch sein Haar streicht. Er mag das Schnurren des Porsches, wenn er die Straße am Meer entlangsaust. Schwarze Lavafelder erstrecken sich in der Ferne den Berg entlang. Er mag sogar die Art, wie die Luft riecht: salzig, frisch und sonnig. Dieses schwindelerregende Gefühl, das das Blut durch seinen Körper schießen lässt, wird allgemein als Aufregung bezeichnet. Er hat diese Empfindung außerhalb des Operationssaals schon einige Male erlebt, seit er mit Will verheiratet ist, und es gefällt ihm jetzt auch. Alles in allem ist er zufrieden. Eine Hochzeitsreise ist doch eine fantastische Idee. Wer hätte das gedacht?

»Wir sollten allen eine SMS schicken und sie wissen lassen, dass wir sicher gelandet sind«, sagt Will und greift nach seinem Handy.

»Nein.« Patrick richtet seine Sonnenbrille auf der Nase. »Definitiv nicht.«

Will zögert mit seinem Handy in der Hand. »Aber sie machen sich Sorgen.«

»Wir befinden uns in totalem Niemandsland, was Elektronik und Social Media angeht, weißt du noch?« Für ihn ist es auch nicht leicht. Er hat zugestimmt, zehn

Tage lang die Kontrolle über seine Patienten abzugeben, nicht einmal zu einer Beratung kann er zur Verfügung stehen. Außerdem kann er die Hurting Times nicht ansehen, ein echtes Opfer für sein klatschliebendes Ego. Aber auch nur ein kleiner Fehler in der SMS-Front und sie könnten eine Molinaro-Patterson-Krise heraufbeschwören, mit der sie fertig werden müssten, obwohl sie im Urlaub sind. »Wenn nicht in den Nachrichten kommt, dass ein Flugzeug in den Pazifik gestürzt ist, wissen sie, dass wir heil gelandet sind.«

Will steckt sein Handy zurück in die Handtasche, ohne die beruhigenden Texte zu senden, und sagt neckisch: »Was wirst du ohne die Hurting Times zur Unterhaltung tun? Medizinische Zeitschriften lesen, wie du es vor dem Schlafengehen machst?«

»Nein, ich habe eine Vampirromanze gekauft, von der Jenny mir erzählt hat.« Die Meeresbrise muss magische Eigenschaften haben, denn er könnte schwören, dass sich Wills Schultern bei jedem Atemzug mehr entspannen. »Es ist eine Serie. Wenn mir der erste Teil gefällt, kommt der Rest auf meinen Kindle.«

Will räkelt sich, sein Kopf neigt sich nach hinten und er legt seinen hübschen Hals frei.

Patrick grinst. »Was? Glaubst du, dein Mann liest keine Romane?«

»Vampirromantik?« Seine braunen Augen funkeln. »Willst du mich verarschen?«

»Nee. Ich mag trashige Bücher, ebenso wie meine trashigen Fernsehshows und den trashigen Klatsch.«

»Das macht Sinn, denke ich.« Will deutet auf die Taschen hinter sich. »Nun, ich habe A Little Life von Hanya Yanagihara mitgebracht.«

»Noch nie gehört.«

»Es heißt, das wird der nächste große Schwulenroman werden.«

»Oh, Tod und Elend.«

»Kann sein, aber ich habe online gelesen, dass viele schwule Männer ihn gut finden. Also werde ich es lesen und für mich selbst herausfinden, wie er ist.«

»Guter Plan.«

Angenehmes Schweigen macht sich zwischen ihnen breit, als sie an Palmen vorbeifahren und sich einer kleinen, gedrängt aussehenden Stadt nähern. Die schwarzen, sich meilenweit erstreckenden Lavafelder um sie herum erinnern Patrick an das manchmal rücksichtslose Land des Reservats außerhalb von Healing. Aber das ist nicht die einzige Ähnlichkeit. Die Stadt selbst hat ebenfalls diese Jeder-muss-jeden-kennen-Qualität, die ihm nur allzu vertraut ist. In Healing gibt es jedoch nicht so eine Hitze unter einer sanften Brise, tropisches Laub, schwarzes Lavagestein oder Touristenschwärme. Touristen sind etwas, über das sich Healing nie Gedanken zu machen braucht.

»Schau mal«, sagt Will, als sie die Stadt durchquert haben und auf die Autobahn fahren, die zum Resort führt. »Graffiti.«

Große weiße Steine schmücken die schwarzen Lavafelder, buchstabieren Namen, zeigen Liebe und Beziehungen: *Aloha!*; *Joe war hier*; *Terry + Rhonda 4ever.*

»Ich frage mich, wo sie die weißen Steine finden«, sagt Will, als das Graffiti nach einer Kurve außer Sicht gerät.

»An den weißen Sandstränden.« Patrick hat sich über die verschiedenen Strände von Hawaii informiert und festgestellt, dass die Risiken gering genug sind, um sich zu entspannen und die Reise zu genießen.

Wills Augen tasten gierig den Horizont ab. Für jemanden, der reicher ist als Gott, ist er in seinem Leben sehr wenig gereist. Nicht, dass Patrick schon viel herumgekommen wäre. Sie sind beide besessen von ihrer Arbeit und in Wills Fall hat seine Familie im Laufe der Jahre sämtliche Aufmerksamkeit beansprucht. Vielleicht ist es wirklich gut, dass sie sich diese Auszeit nehmen. Es ist an der Zeit, dass Will mehr als nur die Ebenen von South Dakota sieht.

»Weiße Sandstrände?«, fragt Will nach und kehrt von dort zurück, wohin seine Gedanken gewandert sind, überglücklich vom Sonnenlicht und den ganzen Sehenswürdigkeiten.

»Es gibt drei Arten von Stränden hier auf der Großen Insel«, erklärt Patrick. Erst in der vergangenen Nacht hat er darüber gelesen, als er nicht schlafen konnte, weil er an die drohenden Stunden im Jet gedacht hat. »Grüner Sand, schwarzer Sand und weißer Sand.«

»Grün? Wie, warum?«

»Ein Mineral, Olivin, ist Teil des vulkanischen Materials rund um den Strand. Es ist dichter als der andere Vulkansand und wird daher nicht ins Meer geschwemmt. Es hinterlässt eine grüne Schicht am Strand.«

»Ich möchte sie alle sehen.«

Patrick nickt. »Das können wir machen.«

Als sie das Resortgebiet erreichen, ändert sich die Vegetation von dichten, aber sporadischen Bündeln grüner Pflanzen und bunten Blumen zu gepflegten und sorgfältig ausgewählten Bäumen, Büschen und Bodendeckern.

»Das sieht hübsch aus«, meint Will mit großen Augen. Er lehnt sich nach vorn, der Wind weht sein Haar zurück und bläht sein Hemd auf.

»Was hast du erwartet? Ich werde nicht meine Flitterwochen mit dir in einem Motel am Straßenrand verbringen.« Patrick runzelt die Stirn und greift das Lenkrad fester.

»Ich weiß. Aber schau …« Er zeigt auf das Resort, das vor ihnen in Sicht kommt. Die Gebäude sind frisch gestrichen und der Turm, in dem die besseren Zimmer untergebracht sind, hebt sich großartig vom blauen Himmel ab. »Es ist so schön.«

»Es ist eigentlich nicht der schönste Ort der Insel. Ich habe mich weniger wegen des Luxus, sondern eher wegen der Kunstsammlung dafür entschieden. Trotzdem ist es luxuriös, mach dir keine Sorgen.«

»Was für eine Kunstsammlung?«, fragt Will, als sie den Parkservice erreichen.

»Asiatische und hawaiianische Kunst und Antiquitäten. Eine beeindruckende Sammlung, die ständig ausgestellt wird. Wenn wir verreisen, sollten wir auch etwas von der Kultur mitbekommen. Zwei Fliegen mit einer Klappe.« Patrick stellt das Auto ab und übergibt dem

Parkservice den Schlüssel. Er ist drauf und dran, dem Jungen mit dem Anwalt zu drohen, wenn er in dem Wagen auch nur falsch atmet, aber Will scheint zu spüren, was er sagen will, packt ihn am Arm und zieht ihn in die Freiluftlobby. Anscheinend mag man in Hawaii alles im Freien.

»Wow.« Wills Hand entspannt sich auf Patricks Arm. Er grinst und schaut sich um. Die gewölbte Decke ist pfirsichfarben gestrichen, ebenso wie die wenigen Wände. Ansonsten weht der Wind aus allen Richtungen herein und bringt den Duft des Meeres mit. Die Pergolen mit blühenden Reben säumen die vom Lobbybereich ausgehenden Gehwege. »Es ist so groß und alles offen. Ich kann mir nicht helfen, ich frage mich, was passiert, wenn es regnet.«

»Dasselbe wie am Flughafen: Es wird nass.«

Eine tiefe Stimme hinter ihnen mischt sich ein. »Der Regen kommt normalerweise in einem Winkel, der nicht weit in die Lobby reicht. Und wenn doch, trocknet alles sehr schnell in der Sonne. Sind Sie Dr. McCloud und Mr. Patterson? Ich bin Arvin Jones.« Die dunklen Augen des kleinen Mannes funkeln in seinem zerfurchten Gesicht. Sein hawaiianisches Hemd mit Pfirsichmuster und seine beige Hose sind locker und luftig, wie bei den anderen Angestellten, die Patrick sieht. Das Namensschild an der linken Brustseite erklärt ihn zum persönlichen Concierge. »Wir haben Ihre Suite vorbereitet und ich werde Sie hingeleiten, wann immer Sie bereit sind.«

»Muss man nicht einchecken?«, fragt Will.

»Es ist alles im Voraus erledigt worden«, antwortet Arvin und deutet auf die gegenüberliegende Seite der Lobby.

Große, pfirsichfarbene Stufen führen hinunter zu einem Boot aus Mahagoni, das acht Personen befördern könnte und in einer engen, künstlichen Wasserstraße liegt. Durch einen Blick auf die Webseite weiß Patrick, dass sich diese Wasserstraße neben den Wanderwegen als Haupttransportstrecke durch das gesamte Resort windet.

»Das Boot wartet auf Sie. Es bringt Sie zu Ihrem Zimmer. Ihr Gepäck wird durch einen Tunnel zu Ihnen gebracht. Wenn das für Sie in Ordnung ist.«

»Natürlich«, stimmt Will zu.

Patrick ist kurz davor, dieses Angebot abzulehnen, denn er zieht es vor, seine Taschen in seiner Nähe zu behalten, aber Will nimmt seinen Arm und folgt Arvin in Richtung Boot.

»Sieh mal«, flüstert er. »Kois.«

Dicke Fische von der Größe einer Katze schwimmen durch das Wasser. Sie blitzen golden, rot, orange und weiß auf.

Patrick steigt in das Boot, das wie eine Attraktion in Disneyland auf einer Fahrschiene läuft, und setzt sich. Arvin gesellt sich zu ihnen und rattert Informationen über das Resort herunter, während sie langsam zu ihrem Zimmer fahren. Will hört eifrig zu und dreht sich immer wieder auf seinem Sitz, um alles zu entdecken, was das Resort zu bieten hat.

Patrick beobachtet stattdessen Will. Er hat Onlinefotos und Videos auf YouTube gesehen und weiß, wie alles aussieht und was sie hier tun können. Ihn interessiert nur Wills Reaktion. Und die ist perfekt. Seine braunen Augen strahlen glücklich, sein wunderschöner Mund ist zu einem breiten Lächeln verzogen und sein Griff um Patricks Hand ist warm und lebhaft.

»Die Meerwasserlagune ist ideal zum Schnorcheln. Sie können viele Fischarten und Meeresschildkröten sehen und haben gleichzeitig Bewegung. Es gibt mehrere Pools im gesamten Resort. Sie können sie auf der Karte finden. Das Spa bietet Behandlungen von sieben Uhr morgens bis sieben Uhr abends an. Die verschiedenen Delfinbegegnungen sind sehr beliebt. Sie können in unseren Pools mit Delfinen schwimmen oder eines unserer Charterboote nehmen, um sie im Meer zu beobachten.« Arvin zeigt auf einige korallen-, pfirsich- und pinkfarbene Gebäude, an denen sie vorbeikommen. »Oh, und ich glaube, Sie haben einen Tag am Meer in unseren Meditationsbetten gebucht. Wenn Sie Glück haben, können Sie von dort aus Wale sehen.«

»Ich glaub das alles nicht«, sagt Will, als der Concierge eine Pause einlegt, um sich mit dem großen, gut aussehenden Bootsführer über ihr Ziel zu unterhalten.

»Warum?«

»Dieser Ort hat *alles*. Es ist wunderbar.«

Du *bist wunderbar*, denkt Patrick, aber er sagt es nicht.

Er versucht trotz seiner alles verzehrenden Liebe etwas Würde zu bewahren, auch seit sie verheiratet sind. Er schämt sich nicht für seine Gefühle, aber er glaubt nicht, dass er sie ständig aussprechen muss, nur weil sie existieren.

Will wirft einen kurzen Blick auf den Concierge und den Bootsführer, schnauft vor Glück auf und lehnt sich vor, um Patrick zu küssen. Seine Zunge ist glatt und seine Lippen sind süß und weich. Der Kuss dauert nicht lange, aber er reicht.

Patrick greift nach seinem Kinn und fährt ihm mit dem Daumen über die Lippen. »Also, bist du glücklich?«

»Glücklich? Ich bin begeistert.«

»Gut.« Er küsst Will einmal mehr. »Willkommen auf unserer Hochzeitsreise, Puddin' Pop.«

Kapitel 8

Ihre Suite befindet sich ganz oben in einem Gebäude namens *Lagoon Tower.* Durch die großen Fenster auf der einen Seite haben sie einen unglaublichen Meerblick und auf der anderen befindet sich ein Balkon, von dem aus sie auf den Pool der Delfine schauen und ihnen beim Spielen zusehen können. Das blaue Wasser spritzt und platscht, wenn sie springen. Ihr Schlafzimmer öffnet sich zum Meer hin mit einem kleinen, privaten Balkon. Sie können keine anderen Zimmer von dort aus sehen, und abgesehen von einem Pfad aus, der der Strandlinie folgt, kann auch niemand ihren Balkon sehen.

Will blickt über das Wasser. Die Meeresbrise weht frisch und salzig. Er atmet tief und lange ein und ein Klumpen bildet sich in seiner Kehle. Als er den Atem ausstößt, beißt er sich auf die Lippe. Er wird doch nicht weinen? Aber ihm ist danach. Der Kloß in seinem Hals schwillt weiter an und er wischt sich durch die Augen. Mit dem Wind im Haar lässt sich Will von der Brise des glitzernden Ozeans beruhigen. Seine Schultern entspannen sich, sein Herzschlag wird langsamer und er lässt einem längst überfälligen Seufzer frei. South Dakota ist eine halbe Welt entfernt. Er ist hier, am Pazifik, und atmet andere Luft. Die Sonne dringt wie eine Droge in ihn. Er entspannt sich in einer bleischweren Ruhe. Der Klumpen in seiner Kehle löst sich auf und er lässt die Verantwortung los, die ihn daheim lebendig auffrisst.

»Danke«, sagt Patrick zu Arvin im Wohnzimmer der Suite. Ein Page hat ihre Taschen neben der großen weichen Couch gegenüber eines riesigen Fernsehers abgestellt. Patricks Stimme dringt sanft durch die offenen Türen. »Den Rest schaffen wir allein.«

Dann verabschiedet sich Arvin, der sie den ganzen Weg begleitet und ihnen alle Annehmlichkeiten der Suite, einschließlich des Whirlpools und der Dampfsauna, erklärt hat.

Will schließt die Augen vor der strahlenden Sonne, dem blau-grünen Meer und den üppigen grünen Pflanzen, und wartet vorfreudig. Seine Brustwarzen drücken trotz sonniger Hitze gegen sein T-Shirt. Er kennt Patrick gut genug, um zu erraten, was in ihren Flitterwochen als Nächstes kommt. Ein Lächeln umspielt seine Lippen.

»Endlich allein«, sagt Patrick direkt hinter ihm. Sein Atem kribbelt an seinem Nacken, und Will zittert. »Was machen wir jetzt? Mit all dieser Freizeit?«

Will dreht sich um, legt seine Arme um Patricks Hals und küsst ihn heißblütig. Patrick erwidert den Kuss so enthusiastisch wie immer, packt Wills Hüften und drückt ihre Becken aneinander. Die Meeresbrise strömt über sie hinweg und der Duft von Patricks Schweiß mischt sich köstlich mit dem Salzgeruch. Mit eifrigen Fingern zerrt er an Patricks Hemd und stöhnt: »Na los. Lass uns duschen und die Flitterwochen beginnen.«

Zwischen den Küssen reißt auch Patrick Will das Hemd vom Leib. »Ich dachte, wir hätten im Flugzeug schon mit dem Sex angefangen.«

»Es ist nicht dasselbe, wie dich in mir zu haben.«

»Mm«, murmelt Patrick, als er an Wills Hals leckt und ihm dadurch eine Gänsehaut verpasst. »Mir gefällt, wie sich das anhört.«

Nach der Dusche kehren sie feucht und erregt ins Schlafzimmer zurück. Das Bett hat Kingsizemaße. Es ist breiter als nötig, aber es macht Spaß, nackt darauf herumzurollen. Als Wills Gerät von ihm getrennt auf dem Nachttisch steht, küssen und streicheln sie sich und lachen, während sie sich im Bett herumwälzen und die perfekte weiße Bettdecke und das Laken zerwühlen. Sie kämpfen um die Position und Will gibt auf, als Patrick ihm einen verspielten Klaps auf den Hintern gibt.

»Ich habe ein Geschenk für dich«, sagt Patrick.

»Ein Geschenk?«, keucht Will, der schmerzhaft hart und darüber hinaus mehr als bereit ist, mit dem Herummachen aufzuhören und zum Ficken überzugehen. Er greift nach Patricks Schwanz und massiert ihn grob. »Es ist besser das hier.«

»Es ist ein bisschen davon und ein bisschen … Warte.« Patrick steht auf, schlendert nackt im Tageslicht ins Wohnzimmer und kommt mit einer seiner Taschen zurück.

Sein Schwanz ist so schön, dass Will das Wasser im Mund zusammenläuft, wie immer. Er bewundert die harte Länge, die direkt aus dem rotbraunen Busch aus Schamhaar aufragt. Er kaut auf seiner Lippe, möchte ihn anfassen und lecken, aber Patrick hat sein Mann-auf-Mission-Gesicht aufgelegt, also weiß er, dass er warten muss.

Patrick wirft die Tasche auf das Bett und holt eine schwarze Schachtel mit einer silbernen Schleife darauf heraus. »Mach es auf.«

Wills Schwanz zuckt im Takt seines Herzschlags, als er Patrick das Geschenk aus der Hand nimmt und die Schleife abzieht, um den Deckel zu öffnen. »Ich … Was ist das? Wie funktioniert es?« Er nimmt ein flexibles, penisförmiges Ding heraus, das innen hohl ist. Es ist beinahe wie ein dickes Kondom, außer dass es ein flaches Ende wie ein Buttplug hat. Am anderen Ende befindet sich eine Ausbuchtung, fast wie ein Knoten. In der Mitte des flachen Teils befindet sich ein Loch, breit und lang genug, um einen harten Schwanz aufzunehmen.

»Ich habe vor, dich diese Woche viel zu ficken«, sagt Patrick und packt Wills Hüften. »Und um eine schmerzhafte Reise in die Vergangenheit zu vermeiden …«

In Will blitzt die Erinnerung an seine Hochzeitsnacht in Vegas und den schmerzerfüllten Morgen danach auf. Sein Loch war einige Tage lang geschwollen und empfindlich.

»… habe ich das gefunden.« Er hält das Spielzeug hoch und steckt es auf einen Dildo, den er ebenfalls aus der Tasche gezogen hat.

Jetzt kann Will sehen, wie es funktioniert. »Das Ende steckt in mir und du fickst es?«

»Ich ficke dich, ja. Ich werde meinen Schwanz hier in das Loch stecken. Die Hülle verhindert zu viel Reibung für dich und ist innen mit Noppen versehen, um das Gefühl für mich zu erhöhen.«

»Oh, wow.«

»Genau. Und dieser Knoten hier«, Patrick befingert ihn sanft, »hilft, das Teil in dir zu behalten und Druck auf deine Prostata auszuüben. Wenn ich zustoße, wird der Knoten deinen Lustpunkt viel fester massieren als mein Schwanz allein es kann.«

Will schluckt, sein Schwanz zuckt und ein Lusttropfen benetzt seine Eichel.

»Die Hülle ist um etwa einen halben Zoll dicker als das, was du gewohnt bist.« Patrick zeigt auf die Wände des Spielzeugs. »Das wird eine ganz neue Sensation für dich.«

»Wow«, flüstert Will erneut.

Patrick grinst. »Ich habe dich jetzt schon auf ein Wow reduziert und du hast es noch nicht mal drin. Perfekt.«

Will rutscht auf dem Bett nach hinten und hebt seine Beine. Er kann sich jetzt bereits nicht mehr artikulieren, da hat Patrick recht. Außerdem weiß er, dass Patrick seine übermütige Zurschaustellung liebt.

»Das ist mein Puddin' Pop«, sagt Patrick mit einem dreckigen Grinsen. »So ein süßes, nuttiges Loch, das du da für mich hast.«

Will leckt seinen Zeigefinger ab und lässt ihn um sein Loch kreisen. Er fingert sich, als Patrick das Gleitmittel aus der Tasche holt. Patrick reibt seinen eigenen Schwanz, bevor er auf das Bett und zwischen Wills Beine klettert.

»Lass mich dich zuerst küssen«, flüstert er, drückt Wills Beine weiter nach hinten und taucht dann ab, um sein Loch mit seinem Mund zu verwöhnen.

Will wimmert, greift nach seinen Brustwarzen und kneift sie fest. Das süße, feuchte Gefühl von Patricks Lippen und seiner Zunge an seinem Loch verursacht einen Schauder bei ihm. Die Meeresbrise, die durch die offene Balkontür weht, streichelt seinen harten Schwanz. Er dreht fester an seinen Nippeln, lässt sich in das Gefühl fallen und stöhnt, als Patrick ihn innen und außen leckt.

»So ist es gut«, murmelt Patrick und küsst Wills Arschbacke, bevor er sich wieder nach unten beugt, um einmal mehr an seinem Loch zu saugen. »Winde dich an meinem Gesicht.«

Will stöhnt, als Patricks Zunge erneut in ihn eindringt. Er drückt seine Brustwarzen fest zusammen, seine Hüften zucken reflexartig nach oben, wobei sich seine Eier anspannen. Eine Spur von glitzernden Lusttropfen sammelt sich dort, wo sein Schwanz schwer und hart gegen seinen Bauch drückt.

Patrick setzt sich auf, sein Mund ist rot und feucht, seine Augen sind vor Lust geweitet. Seine drahtigen Muskeln spannen sich mit jedem Atemzug an und Will greift nach ihm und zieht ihn zu einem wilden, nassen Kuss.

Er schmeckt sich auf Patricks Zunge und seufzt leise, als er an seiner Unterlippe knabbert. Ihre Schwänze reiben sich aneinander in einem perfekten, samtigen Gefühl.

Patricks Rückenmuskeln zittern und bewegen sich unter Wills Handflächen, und als er sich wieder aufsetzt, schnappt er sich das Spielzeug, das auf dem Dildo steckt. »Halte deine Beine gespreizt.«

Will folgt der Anweisung unverzüglich. Der Ventilator über dem Bett wirbelt sanft die Meeresbrise, die durch die offene Balkontür hereinweht, durch das Zimmer. Er zittert und stöhnt, sein Schwanz schlägt gegen seinen Bauch, sein Poloch zuckt erwartungsvoll. Sonnenlicht fällt über das Bett und er kneift die Augen zusammen. Ein Lächeln erscheint auf seinem Gesicht, als Patrick zuerst das Spielzeug, dann Wills Loch und schließlich seinen eigenen Schwanz mit Gleitgel einschmiert.

»Dann mal los.« Patrick drückt den Kopf des Spielzeugs gegen Wills Loch. Der Dildo steckt immer noch in der Hülle und bietet die nötige Festigkeit, um Wills engen Anus zu durchdringen. Patrick drückt sanft, Will keucht und hebt und senkt willig die Hüften, als das Spielzeug in ihn gleitet, bis der Knoten gegen seinen Muskelring stößt. Er stöhnt, sein Loch spannt sich gegen die unerwartete Dicke an.

»Das ist es«, ermutigt Patrick ihn. »Nimm es in dir auf. Du weißt, wie. Weite dein Loch.«

Will dreht die Hüften, holt tief Luft, stößt sie aus und drückt, als würde er auf der Toilette sitzen. Der Knoten dehnt sein Loch weit. Auf seiner Stirn bricht frischer Schweiß aus und er stöhnt laut. Patrick dreht das Spielzeug in ihm, drückt es tiefer, und Will schnappt nach Luft, als es in ihn rutscht. Schmerz, scharf und heiß, lodert ein paar Atemzüge lang in ihm, aber er hält ihn aus. Sein Schwanz schwillt weiter an und wartet auf mehr. Er öffnet die Augen, hält die Beine hoch und schaut nach unten, wo Patrick zwischen ihnen kniet. Seine Schenkel sind schwach vor Lust und zittern gegen seine Handflächen.

Patrick beißt sich auf die Lippe und starrt fasziniert auf die Stelle, an der das Spielzeug in Wills Arsch steckt. »Bereit?«

»Ja«, keucht Will.

Patrick nickt und zieht dann langsam den Dildo aus der Hülle, wobei Wills Loch offen bleibt, jedoch nicht auf die raue, unnachgiebige Art wie bei einem Buttplug. Es ist sanft geöffnet, die Hülle erwärmt sich in ihm und es fühlt sich gut an, aber irgendwie nuttig. Als könnte jeder, der vorbeikommt, sich in ihn rammen. Als könnte Patrick ihn immer wieder benutzen, und er wäre bereit und in der Lage, ihn aufzunehmen. Sein Schwanz pulsiert und Lusttropfen sprudeln auf seinen Bauch.

»Wow«, flüstert er erneut. Er bewegt seinen Arsch, die Hülle macht die Bewegung mit.

Patrick spritzt etwas Gleitgel in das Spielzeug, aber Will spürt die Kälte kaum, nicht so, wie er es normalerweise tun würde. Er windet sich, als Patrick seine Finger in die Hülle schiebt und ihn schließlich fingert, gegen die Seiten drückt und daran reibt, und sich der Knoten gegen seine Prostata presst. »Kannst du alles fühlen?«

»Ja«, murmelt Will.

»Perfekt.«

Patrick küsst Wills Waden, bevor er sie auf seine Schultern hebt und sich nach vorn lehnt. Als er in die Hülle gleitet, lässt der zusätzliche Umfang Will sich aufbäumen und knurren. Er wackelt mit dem Becken und greift nach Patrick, um ihn tiefer in sich zu ziehen. »Oh, das ist … oh …«

Patrick kneift die Augen zusammen und gibt leise Geräusche von sich.

Das Spielzeug ist jetzt weich und warm. Es fühlt sich nicht länger fremd an, nur viel dicker, als er es üblicherweise gewohnt ist. Und der Knoten drückt direkt auf seine Prostata, sodass jeder Stoß einen Schock der Glückseligkeit verursacht, der durch seinen Körper rast. »Oooh, wow.«

»Ja«, erwidert Patrick schroff und öffnet seine strahlend blauen Augen. Sonnenlicht schimmert rot und golden in seinem rotbraunen Haar. »Vereng dich um mich.«

Will kommt der Anweisung nach und Patrick zittert am ganzen Körper. »Gut so?«

»Zu gut.« Er packt Wills Hüften fest. »Das wird ein schneller Fick, Puddin' Pop. Aber später wird es mehr davon geben.«

»Ich erinnere dich daran.« Will hebt sein Becken an, kommt Patricks Stößen gierig entgegen.

Sie ficken hart und schnell, das Bett schlägt gegen die Wand, Lust explodiert in bunten Farben hinter seinen geschlossenen Lidern. Patricks Atemzüge treffen seinen Hals heiß und feucht, und wo Haut auf Haut trifft, ist sie schweißnass. Patrick kneift ihm in die Nippel, während er ihn fickt. Seine Finger finden den perfekten Druck, um Will dazu zu bringen, sich zu winden und leise aufzuschreien. Der Fick ist nicht ganz so schnell, wie Patrick es angekündigt hat. Will findet eine Möglichkeit, die Zeit in die Länge zu ziehen, in der sein Vergnügen andauert. Seine Schenkel und Hüften zittern, sein Loch zuckt spasmisch, aber die Hülle hält es offen und verhindert Reibung. Die Stimulation seiner Prostata ist intensiv und wird immer heißer und eindringlicher, wie die Sonne, die den Raum erwärmt, wie der Duft der Blumen, der hereinströmt und ihn mit tropischer Hitze und Lust erfüllt. Er wimmert und bäumt sich auf, sucht den Stoß, der ihn in gedankenlose Glückseligkeit befördert. Patrick küsst ihn und die Welt löst sich unter dem Schweiß auf, in wortlosem Stöhnen und der rammenden, stoßenden, wiegenden Herrlichkeit zwischen seinen Beinen.

Wills Hand fährt zu seinem Schwanz. Er packt abwechselnd seine Eier, um den Orgasmus zu verhindern, und fickt seine lockere Faust. »Ja, so«, murmelt er. »Da. Genau so.« Patrick gehorcht und fickt ihn, wie die Wellen am Strand sind, hart, stetig und unnachgiebig, bis Will aufschreit und sich alles in ihm zusammenzieht, wobei sein Loch unkontrolliert um Patrick und die Hülle krampft. Sein Samen schießt aus seinem Schwanz und spritzt auf Brust und Bauch. Seine Eier spannen sich an und ein weiterer Schwall Sperma klatscht über seine heißen Wangen.

»Ja«, zischt Patrick. »Komm für mich.«

Will drückt den Rücken durch. Ein Gefühl wie heiße Scherben rast durch ihn, als Patrick seine überempfindliche Prostata nagelt. »Das ist zu viel«, haucht er. »Es ist … Ich … Oh … ja!« Sein Loch verkrampft sich erneut, als der wellenartige anale Orgasmus, den er nur nach langen, rauen Ficks erlebt, sich in ihm aufbaut und ihn überrollt. Er wichst hart auf dem Bett, während Patrick ihn anfeuert. Sein Körper bebt vor Vergnügen. Er schreit in seine Faust, versucht den Schrei zu unterdrücken, schlingt den Arm um Patricks Taille und hält sich fest, während ihn ein weiterer Lustschauder schüttelt. Will liebt dieses Spielzeug.

Patrick fickt ihn weiter, fickt diesen Knoten in seine Prostata.

Will gräbt seine Nägel in Patricks Rücken, brüllt und hebt beinahe vom Bett ab, als ein neuerlicher Strahl aus seinem Schwanz schießt.

Patrick zieht sich aus ihm, gerötet von der Brust bis zu den Wangen, und streicht schnell mit seiner Hand zweimal über seinen Schwanz, ehe er über Wills Schwanz, Schamhaare und Bauch kommt. »Ja!«, stöhnt Patrick und wirft den Kopf nach hinten, bis sein Adamsapfel überdeutlich zu sehen ist.

Will zieht Patrick nach unten, verschmiert das Sperma zwischen ihnen und erschaudert heftig. »Ich liebe dich«, flüstert er.

»Mhm«, stimmt Patrick zu, während er an Wills Hals saugt.

Will genießt das für ein paar Momente und atmet den geliebten Geruch von Schweiß, Samen und Salzluft ein. Aber dann zieht sich Patrick zurück und schnappt sich Wills Handtasche, die auf dem Stuhl neben dem Bett liegt. Will seufzt, als der übliche Zuckertest beginnt.

Erst als beide sicher sind, dass Wills Blutzuckerspiegel in Ordnung ist, entfernt Patrick die Hülle aus Wills

Arsch. »Ich werde dem Ding die beste Rezension in der Hurting Times Produktempfehlung schreiben«, sagt Patrick, während sie nackt zusammen in Richtung Badezimmer gehen, um sich zu waschen.

»Ich bring dich um, wenn du das machst.« Will nimmt seine Hand und drückt sie fest.

Patrick schmunzelt. »Ich mache es anonym. Niemand muss das wissen.«

»Weil so viele Leute in Healing Analsexspielzeug bewerten?«, sagt Will mit angehobenen Brauen.

Patrick wirft die Hülle in das Waschbecken und dreht das heiße Wasser auf. »Du weißt so gut wie ich, was die Leute in dieser Stadt für verrückte Sachen treiben. Analsex ist da nicht annähernd die interessanteste Spielart.«

»Wir befinden uns in einer kompletten Elektronikpause«, erinnert Will ihn.

»Ich will es doch nicht jetzt schreiben. Obwohl ich denke, dass ich einige schriftliche Notizen machen werde. Ich hasse es, wenn einige der interessantesten Details ausgelassen werden. Zum Beispiel, wie sich die inneren Rillen an meinem Schwanz anfühlen, wenn du deinen Arsch darum zusammenziehst.« Er grinst. »Versteh mich nicht falsch, dein Arsch allein ist Perfektion. Es ist schwer, das zu toppen, aber das kam dem schon sehr nahe.«

Will verdreht die Augen und beschließt, erst mit Patrick zu streiten, wenn er die Rezension tatsächlich schreibt. Sie waschen sich und Patrick putzt die Hülle, bevor sie nackt und feucht ins Schlafzimmer zurückkehren.

Der Schimmer eines frühen hawaiianischen Nachmittags scheint auf ihrer Haut. Die Brise weht durch den offenen Balkon und befreit die Luft vom anhaltenden Duft ihres Ficks. Sie schmiegen sich aneinander und dösen leicht ein.

Will träumt davon, mit einer Schule Delfine zu schwimmen, die sich nach und nach allmählich in Mitglieder seiner Familie verwandeln. Er versucht von ihnen wegzuschwimmen, aber sie holen ihn ein. Seine Schwimmschläge werden härter und härter, aber die Delfine kommen näher. Er kann nicht entkommen, das weiß er tief in seinem Innersten. Als er den Kopf dreht, hat der Delfin neben ihm Ryans Gesicht. Tränen brennen in seinen Augen.

Will erwacht zu seinem ersten hawaiianischen Sonnenuntergang mit einem Knoten aus Schuldgefühl in seinem Magen. Der Jetlag vernebelt ihm das Hirn und Patrick schnarcht glücklich an seiner Seite.

Kapitel 9

»Einen Virgin Strawberry Daiquiri«, bestellt Will. Seine Sonnenbrille glänzt.

Patrick liebt es, wie Wills exponierte Haut und Haare im tropischen Licht schimmern. Es erinnert ihn an das erste Mal, als sie heirateten, und er dachte, dass Will *glühte*, was immer noch seine Beschreibung für alle Arten von Verzückung, aber auch für alle Arten von Wahrheit ist. Und Patrick liebt Will so sehr, dass es ihn nicht stört, in Gedanken so lächerlich romantisch zu sein.

»Vergewissern Sie sich, dass es sich um einen jungfräulichen Daiquiri handelt«, erinnert Patrick ihn, richtet seinen lässigen Sonnenhut und cremt sich die Schultern mit noch mehr Sonnencreme ein. »Und ich hätte gern eine Limonade.«

»Werde ich machen, Sir«, antwortet der hübsche junge Poolboy, der wenige Augenblicke zuvor aus dem kleinen Café herauskam, um ihre Bestellung aufzunehmen. Er trottet davon. Sein perfekter junger Arsch sieht in der khakifarbenen Uniform verführerisch aus.

»Er spielt für unser Team«, sagt Patrick.

»Ja«, stimmt Will zu.

Sie sitzen am Pool, während der Abend an ihrem ersten vollen Tag auf Hawaii über sie hereinbricht. Sie verbrachten den Tag mit Sex, bestellten beim Zimmerservice, lasen, genossen die Aussicht und schliefen sich den Jetlag weg. Aber jetzt sind sie wach und genießen einander. Es ist immer noch warm genug, um Badeklamotten zu tragen, obwohl die Brise nun kühler ist. Viele der Angestellten haben Strickjacken angezogen, andere Touristen ebenfalls. Aber die stammen auch nicht aus South Dakota, wo 15 Grad Schwimmbadwetter darstellt.

»Ich wette, er holt sich sein Trinkgeld hauptsächlich von verheirateten älteren Männern, die wollen, dass er sich an einem privaten Ort mit ihnen trifft, wenn ihre Frauen schlafen.«

»Du denkst immer das Schlechteste von den Menschen«, sagt Will leise.

»Ich denke an den Menschen im Menschen«, korrigiert Patrick. »Die meisten Menschen sind unordentlich und schrecklich, aber so ist das Leben.«

»So ein Misanthrop.«

»Wohl kaum. *Du* bist der Misanthrop.«

Will lacht. »Ich bin der Gutmensch, erinnerst du dich? Hallo? Ich liebe Menschen und versuche ihnen zu helfen.«

»Du liebst die Idee, dass Menschen perfekt sein können, man sie reparieren kann und du Geld und Zeit in jemanden investieren kannst und er zu einem besseren Freund, Liebhaber oder Menschen wird. Ich dagegen akzeptiere, dass Menschen normalerweise fürchterlich sind und das auch immer sein werden. Das Einzige, was ich reparieren will, sind ihre kranken Gehirne, nicht ihren Verstand. Das heißt aber nicht, dass ich finde, dass sie keine Liebe und Anerkennung verdienen.«

»Nur nicht deine.«

Patrick zuckt mit den Schultern. »Sie brauchen meine Anerkennung nicht.«

Der Poolboy kehrt mit den Getränken zurück und Patrick erwischt ihn dabei, wie er auf Wills Bauch starrt, wo die Infusionsstelle und der Sender zu sehen sind. Der Mann sagt nichts, lächelt Will jedoch bezaubernd an, als er ihm den Daiquiri reicht.

Patrick nimmt die Limonade vom Poolboy entgegen, zusammen mit der Rechnung. Er unterschreibt sie und notiert das Trinkgeld darauf. Der Angestellte rennt davon, um einer älteren Dame zu helfen, deren Spazierstock in den Kieselsteinen des Weges feststeckt, der zur Salzwasserlagune führt. »Ich bin wählerisch, aber das bedeutet nicht, dass die Menschen, die ich nicht liebe, was beinahe jeder ist, nicht die Zuneigung von jemand anderes verdienen.« Patrick fühlt sich faul und hat keine Lust, sich zu bewegen, aber es macht ihm nichts aus, Will zu necken, um ihr Adrenalin in Wallung zu bringen, damit sie später die nächste Nummer schieben können. Aber Will nippt lediglich an seinem Drink und lächelt vor sich hin, während er ruhig das Blau des Pools betrachtet. Patrick fragt sich, was in seinem Kopf vorgeht. Er ist bereit, ihre übliche Zankerei folgen zu lassen. Die Art von Kabbelei, in der Will wunderbar errötet und ihm sagt, was für ein schrecklicher Mann er ist. Er bezweifelt diese Aussage, bis sie sich streiten, ehe sie ficken und sich versöhnen. Während Patrick den Himmel beobachtet, verfärbt der sich orange. Die meisten anderen Touristen haben den Poolbereich verlassen, um sich für das Abendessen fertig zu machen oder gute Plätze für das nächtliche Luau zu ergattern, zu der eine beeindruckende Show namens *Die Legende von Hawaii* mit Tanz und Feuerwerk gehört.

»Du bist nicht perfekt«, sagt Will schließlich und nippt erneut an seinem Drink. »Und ich möchte auch gar nicht, dass du das bist. Ich liebe dich, so chaotisch und seltsam du auch bist. Du irrst dich mit deiner Meinung, dass ich jeden perfekt haben will. Ich möchte nur, dass jeder glücklich ist.«

»Das wird nie passieren.«

»Vielleicht nicht.« Will greift nach Patricks Schlapphut. »Aber wir sind glücklich. Also wer weiß? Wenn *wir* es sein können, können es sicherlich auch andere Menschen sein.«

Patrick setzt sich den Hut wieder richtig auf.

Will lacht. »Die Sonne geht unter. Ich denke, es ist sicher genug, um ihn abzunehmen.«

Patrick runzelt die Stirn. »Ich bekomme leicht Sonnenbrand.« Sein Blick schweift über den Poolbereich und soll das Fehlen von Sonnenschirmen aufzeigen. »Dieser Ort ist für Leute mit dunkler Haut gemacht, nicht für Menschen wie mich.«

Will entspannt sich in seinem Sitz und sinniert: »Connor bekommt auch sofort Sonnenbrand. Der Fluch der Rothaarigen.«

Patrick zuckt mit den Schultern, setzt den Hut allerdings dennoch ab. »Ich habe es besser als er. Zumindest werde ich unter den Sommersprossen braun.«

Will lehnt sich vor, hebt seine Sonnenbrille und untersucht Patricks Schultern und Brust. »Ich habe dich noch nie mit so vielen gesehen.«

»Ich bin darin unübertroffen, ebenso wie ich in allem anderen unübertroffen bin.«

Will lacht, dann wendet er sein sonniges Lächeln dem Himmel zu. »Ich bin glücklich, Patrick. Ich bin froh, dass wir hier sind.«

»Ich auch.«

»Du vermisst die Gehirne nicht?«

»Noch nicht. Vielleicht morgen. Aber mit ein wenig Glück rutscht irgendein dummes Kind am Pool aus und ich kann hier auf dem sandigen Gehweg eine unglaubliche Notoperation durchführen.«

»Ha.«

Patrick lächelt. Seine Limonade ist frisch und süß genug, um seine Zähne zu ruinieren. So wie er es mag. »Morgen müssen wir da mal runter.« Er nickt Richtung Lagune.

»Klingt gut.«

»Was möchtest du heute Abend machen?«

»Am Strand spazieren gehen? Oder vielleicht sehen wir uns die Kunstausstellung an, die du besuchen willst?«

»Und dann haben wir wieder Sex.«

Will verschluckt sich an seinem Daiquiri, bevor er lacht. »Ja, okay.«

»Perfekt.« Patrick lehnt sich auf seiner Poolliege zurück, streckt sich und genießt es, die Füße hochzulegen. Ihm fällt auf, dass er den ganzen Tag nicht über chirurgische Eingriffe und Gehirne nachgedacht hat. Das ist eine Überraschung, weil das zwei seiner Lieblingsdinge sind, über die er nachdenkt. Aber er kann nicht behaupten, dass ihm langweilig ist, seit sie in Hawaii gelandet sind. Er ist sehr zufrieden. Was eigentlich seltsam ist. Er ist es gewohnt, den unterschwelligen Ärger des konstanten Patterson-Molinaro-Dramas in seinem Leben zu haben. Wenn er die anhaltende Anspannung in seinen Muskeln abschütteln und noch einmal ficken kann, könnte es sein, dass er das ist, was allgemein als *entspannt* bezeichnet wird. Ein interessantes Gefühl. Und irgendwie cool. »Das war ein schöner Tag«, meint er. »Gestern war auch schön. Sogar mit dem Flug in einer Sardinenbüchse in zwölftausend Metern Höhe.«

Will antwortet nicht. Er lächelt nur, neigt den Kopf nach hinten, schiebt sich die Sonnenbrille auf die Stirn und betrachtet die Farben des Sonnenuntergangs. Er nippt an seinem Daiquiri und sie liegen schweigend nebeneinander. Patrick greift nach Wills Fingern. So bleiben sie, bis die Sonne untergeht und der Himmel die Farben eines Blutergusses annimmt.

Als sie nach ihrem Spaziergang vom Meer nach oben schlendern, funkeln frühe Sterne über ihnen. Üppiges Laub umgibt sie und Will summt leise einen neuen Popsong, den Patrick noch nicht vollständig hasst. Eine kleine Meeresschildkröte kreuzt ihren Weg, schimmernd vom Wasser und entschlossen, in das lange Gras auf der gegenüberliegenden Seite zu kriechen. Sie halten inne, um das Tier zu beobachten.

Eine Hand landet auf Wills Schulter und reißt ihn herum.

»Hey!«, schreit Patrick, seine Finger zur Faust geballt und mit rasendem Herzen, als er herumwirbelt, um zu sehen, wer es wagt, Will zu berühren.

»Guglielmo! *Du* bist es!«

Die Verwendung von Wills Vornamen und die Grübchen, die die Wangen des lächerlich gut aussehenden Mannes vor ihnen eindellen, sind alles, was Patrick wissen muss. Es sagt ihm, dass ihre friedlichen, romantischen Flitterwochen gegen eine Wand namens Tony Molinaro geprallt sind, Wills irrer, biologischer Mafiosi-Vater.

Will klappt der Mund auf. »Dad?«

Kapitel 10

Tony trägt ein Hemd mit einem Aufdruck von roten, blauen, grünen und gelben hawaiianischen Blumen, das in der Meeresbrise flattert. Sein schlanker Körper wird von dem voluminösen Stoff verdeckt, aber aus den maßgeschneiderten Khakishorts, die er trägt, ragen wohlgeformte Beine. Seine dunklen Augen sind wunderschön und tief und sein Lächeln ist ein weißer Spalt in seinem braunen Gesicht. Patrick hasst es, dass sein Schwiegervater so verdammt heiß ist, obwohl er es den Genen des Mannes zuschreibt, für Wills Brusthaar verantwortlich zu sein, das er so sehr liebt.

Tony zieht Will in eine Umarmung und klopft ihm auf den Rücken. »Sohn! Es ist so lange her!«

»Eigentlich nur vier Monate.« Will spricht leise und Patrick ist sich nicht sicher, ob Tony ihn hört.

»Ich habe dich vermisst!«

Es ist beinahe fünf Monate her, dass Tony zuletzt durch Healing gerauscht ist, mit Kimberly an allen möglichen unangebrachten Orten gevögelt und die Hurting Times mit Klatsch gefüttert hat, um dann ebenso schnell wieder zu verschwinden, wie er aufgetaucht ist. Wenigstens hat er die Frau nicht geschwängert. Der einzige Grund, warum Patrick davon überzeugt ist, dass es nicht passiert ist, angesichts ihres gedankenlosen Sexuallebens, ist, dass Kimberly so zierlich ist, dass man eine Schwangerschaft bereits sehen würde.

»Ich habe dich vermisst.« Tony zieht Will wieder an sich. »Wie geht es deiner Mutter? Ist sie hier?«

»Ihr geht es gut. Und, nein, sie ist in Healing.«

Tony lässt einen Arm um Wills Schulter gelegt, dreht aber seinen Kopf suchend hin und her, als erwarte er, dass sich Kimberly in den blühenden Büschen am Gehweg versteckt. »Aber warum ist sie nicht hier? Und die Kinder auch nicht?«

Wills Mund öffnet und schließt sich hektisch.

»Warum sollte sie hier sein?«, schnappt Patrick. »Sie hat ein eigenes Leben.« Das ist zwar nicht die richtige Bezeichnung für das, was Kimberly hat, aber er ist nicht in der Stimmung, sich seine Flitterwochen von Wills Familie versauen zu lassen, besonders nicht von der Molinaro-Seite. Man kann ihn vielleicht kleinlich nennen, aber er ist immer noch sauer über die Art, in der Tony gedroht hat, ihm die Finger abzuschneiden, wenn er Will verletzt, und über die Komm-auf-die-dunkle-Seite-Gespräche, die er seit ihrer Hochzeit mehr als einmal führen musste.

Tony lächelt Patrick herzlich an. »Ah, mein Lieblingsschwiegersohn hat seinen Biss nicht verloren. Ich mag ihn, Guglielmo. Ich mag ihn wirklich.«

»Ich weiß. Du sagst es mir die ganze Zeit.«

Er beugt sich näher und flüstert in Wills Ohr: »Ich würde ihn noch mehr mögen, wenn er für mich arbeiten würde.«

»Du kannst nicht immer kriegen, was du willst«, erwidert Patrick und spitzt seine Lippen wie Mick Jagger.

Will lächelt hart, seine ganze Entspannung ist verflüchtigt. Er zieht die Schultern bis zu den Ohren hoch.

Tonys Augen glänzen glücklich. »Es ist wirklich eine Schande. Wir wären ein gutes Team. Ein lukratives Team und …«

»Dad, was machst du hier?«, unterbricht Will ihn und duckt sich unter seinem muskulösen Arm weg.

»Ich? Na ja, ich bin …« Er sieht sich um. »Liebling? Wo bist du? Spielst du Verstecken?«

Eine Frau springt aus den Büschen hervor, zupft ihr fließendes Sommerkleid zurecht und bedeckt somit ihre großen und offensichtlich gerade noch freigelegten Brüste. Sie kichert und ihr langes blondes Haar fällt über ihre nackten, sonnenverbrannten Schultern, als sie den Träger ihres Kleids im Nacken zubindet. »Dummer Tony! Ich bin hier. Ich musste mich anziehen.«

Tony winkt ab. »Diese beiden stört es nicht, wenn du nackt bist, Liebling. Sie sind vom anderen Ufer.« Dann grinst er sie an, als wäre das ein Kompliment. »Und Dr. McCloud hat Medizin studiert. Er hat das alles schon mal gesehen.«

Die Frau lacht wieder, als wäre Tony lustig, und kommt mit wehendem Kleid auf sie zu. »Angelica Madison«, sagt sie und lächelt mit strahlend weißen Zähnen, die Patrick an das Gebiss seines Vaters erinnern.

Er erschaudert. Die Frau kann nicht älter als sechsundzwanzig sein, nur ein paar Jahre jünger als Will. Oder vielleicht hat sie so viele Schönheitsoperationen hinter sich, dass sie in der Dunkelheit so jung wirkt. In jeden Fall bereitet sich Patrick auf das vor, was als Nächstes kommt. Er kann es fühlen wie die Kälte der Brise. Es kommt, es kommt, es kommt … *jetzt*.

»Oh, warte!« Sie wirft ihren Kopf zurück und lacht. »Das hab ich fast vergessen. Ich bin jetzt Angelica Molinaro.« Sie quietscht und hält ihre Hand hoch. Ein riesiger Diamant funkelt an ihrem Ringfinger im Mondlicht.

Will neben ihm schluckt hart und Patrick legt ihm eine Hand auf den Rücken. »Oh, ähm … ich …« Will blinzelt hektisch. »Wow.«

»Das trifft's«, murmelt Patrick. Er streckt die Hand aus, um Angelicas zu ergreifen. »Hübscher Stein. Viel Glück beim Rest.«

Tony beugt sich vor und flüstert: »Nun, nachdem Scheidung das Geburtsrecht eines Molinaro ist, kann ich mit meinen Affären ein bisschen mehr Spaß haben. Weißt du, was ich meine?« Er knufft Patrick suggestiv. »Nichts lässt das Herz so sehr schlagen wie eine spontane Hochzeit. Ich weiß, dass du das verstehst.«

Will hebt die Hand und versucht zu sprechen, doch er bringt kein Wort über die Lippen.

»Wir sind große Fans von spontanen Hochzeiten«, stimmt Patrick zu. »Das führt zu fantastischen Hochzeitsnächten.«

»Du sagst es.« Tony legt seinen Arm um die Taille der kichernden Angelica. »Fast so gut wie einige der besten Nächte, die ich mit Wills Mutter hatte.«

»Ich kann das nicht«, sagt Will und wendet sich zum Gehen.

Angelica lacht, als stünde ihr neuer Ehemann nicht auf dem Gehweg eines Resorts auf Hawaii und als hätte er ihre Ehe nicht als Spiel beschrieben.

»Er regt sich immer auf«, sagt Tony liebevoll, während er Wills Rückzug beobachtet.

Patrick deutet mit dem Daumen über seine Schulter. »Tja, nun, wenn Will geht, geht mein Volk.« Er ist stolz auf sich, eine Anspielung gemacht zu haben, die sein krimineller Schwiegervater nie verstehen wird.

»Oh!«, äußert Angelica und zeigt auf ihn. »Das ist aus Oz, richtig?«

Patrick kneift die Augen zusammen, dreht sich um und folgt Will den Pfad zu ihrer Suite hinauf.

»Oh, und erzähl deiner Mutter nichts davon!«, ruft Tony ihnen hinterher. »Sie mag es nicht, wenn ich heirate!«

Will schüttelt den Kopf und beschleunigt seine Schritte, sodass Patrick joggen muss, um ihn einzuholen. »Wie kann ich nur von denen abstammen?«, fragt er die süßliche Nachtluft. »Und noch wichtiger: Warum stamme ich von denen ab?«

Patrick legt seinen Arm um seine Schulter. »Ich denke, das war's für heute mit dem Sex.«

Will schließt die Augen und lässt sich von Patrick ein paar Schritte führen, bevor er seufzt und seinen Arm um seine Taille legt. »Ich weiß noch nicht. Wir werden sehen, wie ich mich fühle.«

***

Will keucht in den Nachbeben. Sein Loch ist gelockert und noch geweitet von dem neuen Spielzeug, das Patrick in ihn reingedrückt hat, ehe er begonnen hat ihn zu ficken, als würde es kein Morgen geben. Sein jetzt schlaffer Schwanz kribbelt von den harten Orgasmen, seine Muskeln zittern erschöpft. Der Schlaf will ihn übermannen, ihn in das unterbewusste Dunkel führen, doch bei Patricks Test öffnet Will die Augen und sieht ihn an, als er frustriert seufzt, während er das Ergebnis abliest.

»Saft oder Traubenzucker?«, fragt Patrick.

»Saft«, murmelt er und stemmt sich genug hoch, um Patrick die Flasche aus der Hand zu nehmen. Er nippt an dem frischen Orangensaft und versucht sich vom Denken abzuhalten. Er versucht wirklich angestrengt, mit Patrick im stillen Luxus ihrer Hotelsuite zu bleiben. Aber es hilft natürlich nicht. Die Erinnerung, wie er in seinen Vater und dessen neue Braut gerannt ist, bohrt sich durch sein Innerstes und bringt ihn zum Stöhnen.

»Wir können das Resort morgen verlassen. Fahren wir gleich nach Kauai«, schlägt Patrick vor, scheinbar seine Gedanken lesend. Dann drückt er Wills Beine auseinander und zieht das Spielzeug aus ihm heraus. Wills Loch zuckt bei der kühlen Luft, die es trifft, ehe es sich wieder zusammenzieht.

»Nein. Ich will mit den Delfinen schwimmen und du hast doch auch den Tag im Meditationsbett am Meer gebucht. Und du wolltest die Kunstausstellung sehen.«

Patrick geht ins Bad, um das Spielzeug und seine Hände abzuwaschen.

Will überlegt, ob er das Angebot, eher abzureisen, annehmen soll. Aber er sagt nichts, sondern trinkt nur von seinem Saft, bis Patrick wiederkommt und sich die Hände an einem Handtuch abtrocknet. »Nein«, sagt Will noch einmal entschlossen. »Wir haben noch nicht einmal die Lagune gesehen. Lass uns bleiben.«

Nachdem Will seinen Saft ausgetrunken hat, nimmt Patrick seine Hand und testet ihn erneut. Er grunzt zufrieden und verbindet Will wieder mit dem Überwachungsbildschirm. Er wirft ihm eine Boxershorts zu und beobachtet, wie Will sie anzieht und das Gerät anbringt. Dann setzen sie sich auf dem riesigen Bett nebeneinander.

»Glaubst du, er hat das geplant? Nur um mich zu ärgern?«

»Niemand außer Jenny und ich wusste, dass wir hierherfliegen«, sagt Patrick.

»Jenny würde es niemandem erzählen.«

»Nein.« Er lehnt sich gegen Will, benutzt ihn wie üblich als Kissen. Sein Seufzer streift Wills Brusthaar wie ein Geist der Behaglichkeit.

»Das ist also ein schrecklicher Zufall.«

»Sieht so aus.«

Will kneift die Augen zusammen. »Hast du sie gesehen? Sie ist so alt wie ich.«

»Er ist ein mieser Hund. Aber das wussten wir schon.«

»Aber … aber …« Will wirft seine Hände hoch und knufft Patrick. »Warum sollte er sie heiraten?«

»Anscheinend wegen ihres Kicherns.« Patrick zuckt mit den Schultern, gähnt und kuschelt sich enger an seine Brust. »Warum macht dein Vater irgendwas?«

»Für Geld und Macht.«

»Und Vergnügen.«

Will starrt den Deckenventilator an. »Was sieht sie in ihm?«

Patrick schnaubt. »Er ist heiß. Brennend heiß.«

Will rümpft die Nase und schnaubt. »Iiih.«

»Es tut mir leid, dass du die Wahrheit nicht verträgst.« Patrick setzt sich auf und schaut Will in die Augen. »Dein Vater ist Sex auf Beinen. Und dein Onkel ist auch nicht von schlechten Eltern. Du hast gute Gene, was das angeht, das kann ich nicht leugnen.« Er schaltet die Nachttischlampe aus. Sofort ist der Raum dunkel. Nur das Mondlicht glitzert noch hell auf dem Ozean.

Als sich Patrick wieder an seinen Platz an seiner Seite lehnt, stöhnt Will: »Ist jetzt unsere Hochzeitsreise ruiniert?«

»Wie ich schon sagte, wir können eher nach Kauai aufbrechen. Oder nach Maui. Wir haben Geld, das wir verjubeln können, also lass es uns für rücksichtsloses Urlauben verjubeln. Du brauchst nur ein Wort zu sagen.«

»Nein«, flüstert Will mit zittriger Stimme, während es an seiner Brust wie Feuer brennt. »Ich werde nicht zulassen, dass er mir das versaut. Nicht so, wie er mir viele andere Dinge in meinem Leben versaut hat. Das hier ist unsere Reise und wir werden sie nicht abbrechen. Okay?« Er greift nach Patricks Hand und drückt sie. »Versprich mir das.«

»Warum sollten wir das tun?«

»Weil du diese Flitterwochen seit sechs Monaten geplant hast und ich nicht verpassen will, was du dir extra für mich ausgedacht hast.« Wills Kinn zittert, aber er ist entschlossen. »Versprich es mir.«

Patrick stöhnt, fährt jedoch mit den Fingern sanft durch Wills Brusthaar. »Gut. Ich verspreche dir, dass du hierbleiben und deinen Vater rücksichtslos unsere Pläne durcheinanderwirbeln lassen kannst.«

Will stöhnt und bedeckt seine Augen mit der Ellenbeuge. Patrick hat recht, aber er hat es satt, dass seine Familie sein Leben ruiniert. »Ich könnte Nonna anrufen. Vielleicht kann sie ihn überzeugen, uns in Ruhe zu lassen. Immerhin ist sie seine Mutter.«

Patrick lacht. »Ha! Konnte sie ihn davon überzeugen, nicht mehr alle paar Monate deine Mutter in aller Öffentlichkeit zu ficken?«

»Es war in der Gasse hinter dem Ladengeschäft«, korrigiert Will.

»Mein Fehler.«

Er drückt Patrick fester an sich. »Du hast recht. Es nützt nichts. Er tut, was er will.« Wills Gerät piept und er verdreht die Augen. »Ich war vorhin so entspannt. Jetzt bin ich nur noch gestresst, und das da«, er wedelt Richtung Insulinpumpe, »weiß das ganz genau.«

»Maui ist schön.« Patrick setzt sich auf und schaltet das Licht wieder an. Er inspiziert die Zahlen auf Wills

Insulinpumpe und runzelt die Stirn. »Jenny wollte mich überreden, ein paar Tage dort zu buchen.«

»Ich habe es dir gesagt. Er wird nicht gewinnen. Wie sind meine Blutzuckerwerte?«

»Nun, vielleicht gewinnt er nicht, aber wir werden sicher verlieren.« Patrick schaltet das Licht wieder aus. »Die Werte sind gut. Du bist in Ordnung. Sie sind zwar ein wenig erhöht, aber die Pumpe sollte das kompensieren.«

»Okay.« Will weiß, dass Patrick es hasst, wie stur er sein kann, aber diesmal hat er einen guten Grund. »Aber wir fahren nicht nach Maui. Wir führen unsere Flitterwochen so fort, wie du sie geplant hast.«

»In Ordnung. Die Liebe siegt«, stimmt Patrick zu und kuschelt sich für die Nacht ein.

Will nickt und küsst seinen Kopf. »Immer.«

Kapitel 11

Es fühlt sich nicht so an, als würde die Liebe gewinnen, als Will und er beim Frühstück in einem der großen, pfirsichfarbenen Speisesäle des Resorts Angelica und Tony gegenübersitzen.

»Also, ich habe mir gedacht, warum nicht heiraten, während ich hier unten bin und den Deal für das neue Casino ausarbeite?« Tony lächelt gewinnend, seine hübschen haselnussbraunen Augen strahlen im Morgenlicht.

»Mhm«, äußert Patrick, während er einen Mundvoll mit Pfannkuchen umwickelten Speck isst. Er schneidet den nächsten Bissen ab, einmal, weil er wirklich Hunger hat und der Speck verdammt gut ist, aber ebenso, um seinen Gesprächspart auf ein Minimum zu reduzieren. Will steht kurz davor, durchzudrehen, das weiß er. Und er will nicht, dass irgendetwas, was er sagt, Will in einen Zusammenbruch treibt.

»Angelica war noch nie verheiratet, also bot ich ihr an, das Problem für sie zu lösen«, sagt Tony und zwinkert seiner Braut zu.

Sie ist so jung, wie er am Abend zuvor vermutet hat. Vielleicht jünger. Ihre Zähne und ihre Augen haben den Glanz der Jugend. Und ihre Brüste, deren Brustwarzen durch das helle, cremefarbene Sommerkleid zu sehen sind, sind fester als die Baiserstückchen auf dem Bananenpudding, den sie isst. Sie ist ein enges, junges Ding und Tony ist pervers genug, um das auszunutzen. Nicht, dass Patrick ein Recht hat, über Altersunterschiede in

Bezug auf Liebesangelegenheiten zu urteilen, aber der Unterschied zwischen Will und ihm beträgt nicht mal zehn Jahre. Bei Tony und Angelica müssen es beinahe zwanzig sein.

»Was machst du beruflich, Angelica?«, fragt Will mit angespanntem Lächeln, ein eindeutiger Versuch zu verhindern, dass sich das Gespräch in eine Richtung bewegt, in der Tony erklärt, was er damit meint, für sie *das Problem zu lösen*.

»Ich tanze«, antwortet sie, wirft ihr blondes Haar über die Schulter und grinst breit.

Will braucht einen Moment, um diese Aussage zu verdauen. Er reibt sich die goldenen Morgenstoppeln, weil Patrick darauf bestand, zum Frühstück zu gehen, bevor er vor Hunger umgekippt wäre, und sich Will deswegen nicht rasieren konnte. »Tanzen. Wie interessant. Ballett oder … modern?«

»Lap.«

Will verschluckt sich an dem Wasser, von dem er gerade trinkt.

Tony lacht, wirft seinen Kopf zurück und zeigt damit seinen langen Hals. Wenn Patrick mit ihm reden muss, wird er weniger und weniger attraktiv, aber wenn der Kerl einfach nur seine Klappe hält und da ist, ist er der Hammer. Hoffentlich altert Will ebenso verführerisch.

Angelica kichert. »Ich habe von der besten Stripperin auf Oahu gelernt, von Millie der Wilden. Hast du von ihr gehört? Sie tanzt im Hawaii By Night. Warst du schon mal dort?«

»Nein«, antwortet Will, greift nach seinem Wasserglas und leert es in einem Zug halb. Sein Gerät gibt Alarm. Er sieht auf die Ziffern hinab, runzelt die Stirn, überprüft die Pumpe und konzentriert sich dann erneut auf Angelica. Seine Wangen sind gerötet, auf seiner Stirn schimmert Schweiß.

»Wir sind schwul«, sagt Patrick. »Erinnerst du dich? Papa Molinaro hat es dir gestern Abend erzählt. Stripclubs und Millie sind nicht unsere Welt.«

»Oh, aber wir haben auch einige hübsche Männer, die dort tanzen.« Sie lächelt wieder breit, irgendwie völlig ahnungslos, wie absurd alles an diesem Gespräch ist. So ist übrigens Patricks ganzes Leben seit seiner Heirat.

»So?« Sein Interesse steigt. »Männer, sagst du? Erzähl mir mehr.«

Will tritt ihn unter dem Tisch, während Angelica antwortet: »Sie sind alle so hübsch. Mollig und stark oder rank und schlank. Wir haben im Hawaii By Night etwas für jeden Geschmack.«

»Warte«, sagt Will und schiebt sein halb aufgegessenes Frühstück von sich. »Wie habt ihr …? Wann habt ihr …?« Er schüttelt den Kopf, reibt sich mit der Hand über sein Gesicht und versucht es erneut. »Wann genau habt ihr euch kennengelernt?«

»Oh, letzte Woche.« Tony grinst. »Ich bin für ein paar Tage nach Oahu geflogen, ehe ich mich mit meinen Kontaktleuten bezüglich des Casinodeals, an dem ich arbeite, treffen musste. Ich habe ein kleines Geschäft in den Nachtclubs auf Oahu. Nur ein wenig Handel mit Schmerzmitteln …« Er wackelt mit den Brauen.

Will schüttelt den Kopf. »Davon will ich nichts hören.«

Tony zuckt mit den Schultern. »Während ich im Hawaii By Night meine Investition überprüfte, traf ich Angelica. Der Rest ist Geschichte.« Er zupft an einer von Angelicas blonden Locken und sie lächelt ihn strahlend an.

»Liebe auf den ersten Blick?«, schnappt Patrick.

»Natürlich nicht!« Angelica lacht. »Er ist in jemanden namens Kimberly verliebt. Nervig. Ich bin nur zum Spaßhaben da.«

Will wird blass und schüttelt den Kopf. »Du bist zum Spaßhaben da? Du bist ein Mensch! Du bist für … eine Menge Sachen da, nicht nur zum Spaßhaben!«

»Oh, aber mir gefällt das.« Sie neigt ihren Kopf zu Will, ihre kupferbraunen Augen leuchten. »Er genießt es mit mir und wenn er mit mir fertig ist, gehe ich. Dafür lässt er mich den Ring behalten.« Sie hebt die Hand und lässt den fast kitschig großen Diamanten, der ihren halben Finger bedeckt, im einfallenden Sonnenlicht funkeln. »Er wird mir genug Geld einbringen, damit ich wieder aufs College gehen kann. Richtig, Tony?« Sie nimmt seine Hand, bevor sie sich nach vorn lehnt und vertraulich flüstert: »Es ist eine für beide Seiten vorteilartige Abmachung.«

»Vorteilhaft. Von gegenseitigem Nutzen.« Patrick kann nicht anders, als sie zu korrigieren.

»Das habe ich gemeint.« Sie läuft glühend rot an. »Tony ist das Beste, das mir je passiert ist.«

Will starrt sie mit großen Augen an. Dann wendet er sich an seinen Vater und fuchtelt mit den Händen, als wollte er in diesem Wahnsinn nach einem vernünftigen Grund suchen. »Ähm … hilf mir zu verstehen. Warum hast du sie geheiratet? Konntest du ihr nicht einfach das Geld für das College geben und mit ihr schlafen?«

»Ich bin keine Prostituierte«, wirft Angelica schnippisch ein. »Ich bin eine Ehefrau.«

Tony küsst ihre Wange zärtlich und legt einen Arm um ihre Schulter.

»Aber wieso?«, fragt Will flehend, Angelicas, jedenfalls Patricks Meinung nach, berechtigten Einwand ignorierend.

Tonys Augen leuchten. »Zum Spaß!«

»Und aus Strategie«, vermutet Patrick.

Will blickt zwischen ihnen hin und her. »Welche Strategie beinhaltet die Hochzeit mit einer Stripperin?«

Patrick ist sich nicht sicher, wann genau er es herausgefunden hat, irgendwann zwischen seinem ersten Schluck Kaffee und jetzt, aber plötzlich ist es für ihn kristallklar. »Die Art von Strategie, die darauf hinausläuft, dass sich deine Mutter irrsinnig aufregt. Irgendwoher wusste er, dass wir hierherkommen, obwohl ich nur Jenny davon erzählt habe, und aus irgendeinem Grund dachte er, Kimberly würde auch hier sein. Ich bin nicht sicher, wie das zu der Sache mit dem Casino und der Angelegenheit mit den Pillen passt, aber Kimberly ist der wahre Grund, warum er hier ist. Ist es nicht so, Tony?«

Tonys Augenbrauen wandern nach oben, er beugt sich mit einem harten Lächeln vor. »Du bist mein Lieblingsschwiegersohn. Das ist dir klar, oder?«

»Er ist dein einziger Schwiegersohn«, knurrt Will.

»Deine Schwester Ellen wird bald heiraten.« Tony verdreht die Augen und seufzt. »Einen totalen Verlierer. Keine Fantasie. Kein Vergnügen. Nichts zu bieten.«

Will blinzelt ihn an. »Richtig. Meine Schwester Ellen.« Dann erklärt er Patrick: »Sie ist eine meiner Halbschwestern, die ich noch nie kennengelernt habe.«

»Ah.«

»Ja, genau. Warum solltest du sie auch kennenlernen?«, fragt Tony. »Sie ist langweilig wie Spülwasser und heiratet einen langweiligen Jasager. Er lächelt zu viel.« Tony erschaudert. »Ich ziehe Männer wie Patrick vor. Du verstehst?«

»Nein. Ich verstehe dich nicht«, sagt Will. »Ich habe dich noch nie verstanden. Ich weiß gar nicht, wo ich anfangen soll zu beschreiben, wie sehr du mich verwirrst.«

Patrick wirft sich eine Melonenkugel in den Mund und lehnt sich zurück, um auf die Show zu warten. Da kommt sie. In drei, zwei, eins …

Will wirft seine Serviette auf den Tisch. »Ich weiß, wo ich anfangen kann. Warum glaubst du, Mom wäre bei unseren Flitterwochen dabei? Und warum sollte die Heirat mit einer Stripperin strategisch sein? Was hast du vor, Dad? Und warum ruinierst du mir meine romantische Reise mit Patrick?«

»Ich habe es dir gestern schon gesagt. Deine Mutter mag es nicht, wenn ich heirate.«

Er verdreht die Augen. »Willst du mich verarschen? Na und? Das ist doch nur ein Versuch, sie zu ärgern, damit du …« Er bricht ab, seine Augen verengen sich. »Echt jetzt?«

»Wütender Sex ist so wahnsinnig gut.« Tony zuckt mit den Schultern. Er beugt sich zu seiner Frau und flüstert: »Nicht, dass du nicht entzückend wärst, Schatz. Aber Kimberly hat ein gewisses Feuer, das sich nicht vergleichen lässt.«

»Ich würde sie so gerne kennenlernen«, sagt Angelica. »Wenn sie so schön ist, wie du behauptest.«

»Schöner, als ich es beschreiben könnte«, erwidert Tony liebevoll. »Besonders, wenn sie wütend ist.«

Will reibt sich mit den Händen über sein Gesicht. »Prima. Kein Problem. Ich verstehe schon. Du bist ein kranker Bastard.«

»Ja, das bin ich«, antwortet Tony stolz. »Ein kranker Mann mit einem unterschriebenen Ehevertrag und einer schönen Frau in meinem Bett. Die falsche schöne Frau, aber sie reicht aus. Für den Moment.«

»Zum Spaßhaben!«, zwitschert Angelica und zwinkert.

»Okay, gut, dann beantworte mir meine erste Frage. Warum sollte Mom bei unseren Flitterwochen dabei sein?« Er greift nach seinem Wasserglas und leert es.

»Ich dachte, es handelt sich um einen Familienausflug«, sagt Tony. »Eure Freundin Jenny Burger hat mit dem Mann im Café, mit dem sie schläft, über eure bevorstehende Reise und dieses Resort geredet. Es war reiner Zufall, dass einer der Männer, die ich in der Stadt abkommandiert habe, um deine Mutter zu überwachen, das gehört hat.«

»Du spionierst sie aus«, sagt Patrick.

»Spionieren. Beschützen. Das ist ein ganz dünner Grat. Egal, es war der Fehler eurer Freundin, weswegen ich hier bin. Sie hat mit dem Mann im Café darüber geredet und durch diese Unterhaltung konnte ich gerade rechtzeitig den Abstecher nach Hawaii machen, ehe ich zurück nach Los Angeles muss, um mich dort um einen Deal zu kümmern.« Er runzelt die Stirn. »Wie heißt der Typ aus dem Café? Es ist mir entfallen.«

»Jax«, antwortet Will automatisch.

»Sie hat sich wieder mit ihm vertragen?«, grummelt Patrick.

»Nein, hat sie nicht. Sie schläft wieder mit ihrem Ex«, sagt Tony mit großen Augen. »Dem Vater ihres Sohnes, oder? Es steht ständig in der Hurting Times. Die Leute wetten schon, wie lange er diesmal in Healing bleibt. Wenn er weiß, was gut für ihn ist, wird es nicht lange sein.«

Patrick beißt die Zähne zusammen. Es juckt ihn, in der App der Hurting Times nachzusehen, ob Tony die Wahrheit sagt. In der Klatschkolumne stehen sicher die neuesten Informationen, und er könnte Jenny anrufen und mit ihr darüber reden, ob sie tatsächlich einen weiteren Versuch mit Tom unternehmen will. Allerdings sind sein und Wills Handys im Safe in ihrem Zimmer eingeschlossen.

»Vielleicht solltest du sie anrufen«, meint Will.

»Nein.« Patrick schüttelt den Kopf. »Anrufe sind so eine Sache. Wir hören nie nach einem auf.«

»Wie bei Kartoffelchips«, sagt Angelica weise, nickt und lacht, sodass ihre großen Brüste wackeln.

Will schaut stirnrunzelnd in sein leeres Glas und sieht sich dann nach einem Kellner um, der es auffüllen soll. Er entdeckt jedoch keinen, stattdessen greift er nach Patricks Glas.

Patrick legt die Stirn in Falten, und gerade als ihm ein Verdacht kommt, geht der Alarm des Geräts los. »Was sagt er?«, fragt Patrick, lehnt sich an Will und versucht die Zahlen auf dem kleinen Bildschirm zu lesen. Das ist auch so etwas, was er vermisst: Auf seinem Handy hat er ständigen Zugriff auf Wills Messwerte. Dann riecht er es. Er beugt sich noch näher zu Will, um sicherzugehen. Ja. Konzentrierter Heftpflastergeruch. Der spezifische und intensive Geruch eines großen, fetten Problems. »Komm.« Er steht auf und packt Wills Arm. »Wir müssen dich unbedingt auf unser Zimmer bringen.«

Tony runzelt die Stirn. »Was ist los? Ist Will okay?«

Will erhebt sich nicht. Seine Augen flitzen zwischen seiner Pumpe und Patrick hin und her. »Es ist keine große Sache. Die Pumpe reagiert auf das Frühstück. Es geht mir gut. Ich bin nur durstig.« Er greift nach einem weiteren Speckstreifen auf seinem Teller.

»Lass uns gehen«, fordert Patrick ihn ein weiteres Mal auf.

»Lass mich einfach das Frühstück beenden«, schnappt Will.

»Nein, wir gehen *sofort.*« Er zieht fester an seinem Arm. »Du trinkst Wasser, als wärst du mitten in der Wüste, und ich rieche Pflastergeruch.«

»Oh«, sagt Will stirnrunzelnd. »Oh.«

Es sieht fast aus, als wolle er tatsächlich mit ihm streiten, was keine Überraschung ist, da extreme Reizbarkeit ein weiteres Anzeichen für eine bevorstehende Ketoazidose ist. An einem normalen Tag wäre ihm das sicher ebenfalls aufgefallen, aber …

»Wo ist deine Handtasche?«, fragt Patrick. Er kann dieses Problem mit einer Injektion lösen, aber zum ersten Mal seit einer Ewigkeit scheint Will die Tasche vergessen zu haben.

»Ich brauche sie nicht. Dafür gibt es die Pumpe«, knurrt Will. »Wir sind auf Hochzeitsreise. Wie romantisch ist es, dieses Ding überall mit herumzutragen?«

»Auch wenn du glaubst, dass ein Notfall romantisch ist, müssen wir jetzt auf unser Zimmer gehen.«

Tony steht auf und ruft einem Kellner zu: »Wir brauchen einen Arzt.«

»Ich *bin* Arzt«, zischt Patrick ihn an. »Komm einfach mit, Will. Jetzt.«

»Gut.« Will wirft seine Serviette auf den Tisch und steht auf. Seine Wangen sind gerötet und seine Augen sind glasig wie bei Fieber. »Hör einfach auf, mir zu sagen, was ich tun soll!«

Patrick holt tief Luft und erinnert sich daran, dass lediglich der hohe Blutzuckerspiegel für diese kindische Wut verantwortlich ist. »Ich kann auch deinen Vater den

Hotelarzt rufen lassen und wir machen ein Riesendrama daraus.«

»Ich geh ja schon!« Will stapft in Richtung ihres Zimmers davon.

»Es geht ihm gut«, sagt Patrick zu Tony, der Anstalten macht, ihm zu folgen. »Er muss sein Infusionsbesteck wechseln. Seine Pumpe verliert Insulin. Es gelangt nicht in sein System.«

»Wir kommen mit dir, nicht wahr, Schatz?«, sagt Tony zu Angelica.

»Natürlich«, antwortet sie und erhebt sich mit großen Augen. »Ich möchte meinem Stiefsohn helfen!«

»Nein. Ihr macht es nur schlimmer.« Patrick hebt abwehrend die Hände und sein Blick erdolcht die beiden förmlich. »Bleibt hier.«

Tony greift nach Patricks Arm, als der an ihm vorbeigeht. »Esst heute Abend mit uns.«

Er verdreht die Augen. »Danke, aber wir haben Zimmerservice.«

»Sicher nicht mit einer so schönen, romantischen Aussicht, wie man sie in einem der privaten Speisesäle genießen kann. Hast du schon einmal eine Luau besucht?«

Patrick bellt: »Was daran verstehst du nicht? Das ist unsere Hochzeitsreise! Wir machen, was wir wollen!«

»Unsere auch«, erwidert Angelica und lächelt dabei wie ein dümmliches, aber sehr hübsches Schaf.

»Richtig.« Patrick nickt ihr knapp zu. »Lasst uns unsere Flitterwochen jeder für sich erleben. Nicht gemeinsam. Kapiert?« Tonys Augen nehmen einen seltsamen

Schimmer an, als er sich von ihm abwendet. Er hat jedoch keine Zeit, herauszufinden, warum, denn er muss joggen, um mit Will Schritt zu halten.

»Ich muss pissen«, sagt Will, als er ihn im Flur einholt. Sein Gesichtsausdruck wirkt desorientiert, als er verzweifelt nach einer Toilette sucht.

»Darauf wette ich.« Patrick dirigiert ihn zur nächsten Toilette, folgt ihm, bleibt beim Urinal neben ihm stehen und macht ein Kompliment über seine Schwanzgröße, nur um zu nerven.

Will knurrt, aber als sie die Toilette verlassen und zu ihrer Suite gehen, sagt er: »Ich glaube, mit meiner Infusionsstelle stimmt etwas nicht.« Sein Gerät piept erneut und er schaut auf den Bildschirm herab. »Ja. Kein Zweifel.«

Patrick legt ihm eine Hand auf den Rücken und führt ihn zur nächsten Bootsanlegestelle. »Lass uns zurückfahren. Das geht ein bisschen schneller.«

»Glaubst du?«, bellt Will.

Patrick schluckt seine instinktive Reaktion herunter und sagt stattdessen: »Du bist süß, wenn du in Ketoazidose fällst.«

»Bin ich nicht.«

Er lacht leise und hilft Will auf das Boot. »Du hast recht, Puddin' Pop. Bist du nicht. Du bist ein absolutes Arschloch.«

»Jetzt kannst du dir vorstellen, wie es ist, mit dir zu leben.«

»Gute Antwort«, sagt Patrick ruhig. »Ich habe dir das toll beigebracht.«

Will starrt ihn an, aber er lächelt nur. Alles, was sie tun müssen, ist, in ihre Suite zu gehen und ihn zu verarzten, dann hat Patrick seinen süßen Gutmenschen zurück und kann selbst wieder König Arschloch in ihrer Beziehung sein.

Fünfundvierzig Minuten später, auf der Couch ihrer Suite, versorgt mit frischem Infusionsbesteck und einem Glas Wasser, um die Ketone auszuspülen, murmelt Will verlegen: »Es tut mir leid, dass ich so ein Idiot war.«

Patrick zuckt mit den Schultern und massiert Wills Füße, die auf seinem Schoß liegen. »Tja, nun, wenn du mir dafür den Schwanz lutschst, war es das wert.«

Will lacht, seine Augen funkeln. »Ach ja?«

»Ja.«

Er leert sein Glas. »Komm her. Lass mich deinen Schwanz lutschen, bevor ich wieder pinkeln muss.«

Glucksend öffnet Patrick seine Hose, klettert über das Sofa, kniet sich mit gespreizten Beinen über Will und schiebt ihm seinen Schwanz in den Mund. Der Spaß dauert nicht lange, denn der Anblick eines rotwangigen Wills, der seine roten Lippen um seinen Schwanz schließt, ist jedes Mal aufs Neue unendlich geil. Er gräbt seine Finger in Wills Haare, stößt tief in seinen Hals und beruhigt ihn, wenn er würgt. Das Kratzen von Wills Stoppeln an seinen Eiern ist herrlich und Patrick fällt ein, dass Will sein Kinn noch gegen andere empfindliche Stellen reiben könnte, ehe er sich rasiert.

Als Will seine Augen schließt, die Kehle entspannt und sich als der Schwanzlutschchampion erweist, den Patrick so gut kennt, wird es schnell zu viel. Patrick zieht sich ein kleines Stück zurück, während er hart kommt, seine Eier in seiner Kehle leert und dann noch den letzten Tropfen aus seinem Schwanz melkt, um damit über Wills Lippen zu streichen.

»Ja, das ist es wert«, seufzt er und zieht den Reißverschluss zu. Unterdessen leckt sich Will die letzten Samentropfen von den Lippen. »Jetzt kümmern wir uns um dich, was meinst du? Ich würde meine Finger zu gern in dein Loch schieben.«

Will greift nach unten und knöpft seine Shorts auf. »Ich denke, du bist der Arzt und weißt, was am Besten für mich ist.«

Patricks schlaffer Schwanz zuckt. »Ach ja? Bist du mein Patient?«

Er nickt. »Ja, Dr. McCloud. Ich bin sehr krank und brauche Ihre medizinischen Kenntnisse.«

Patrick unterdrückt sein Grinsen und setzt eine ernste Miene auf. »Mr. Patterson, Ihr Blutzucker stabilisiert sich, aber als Ihr Arzt wäre ich fahrlässig, wenn ich nicht fragen würde, wann Ihre Prostata zuletzt untersucht wurde.«

»Das ist Stunden her.« Wills braune Augen sind groß und unschuldig.

»Das reicht niemals. Für die Gesundheit der Drüse ist es sehr wichtig, sie regelmäßig untersuchen zu lassen. Ich überprüfe das jetzt, ehe Sie mein Büro verlassen.«

Wills Wangen glühen und er schiebt seine Shorts nach unten. »Danke, Dr. McCloud. Sie haben recht, das muss untersucht werden.«

»Oh, ich habe immer recht«, schnurrt Patrick und plant bereits eine sehr lange und umfassende Untersuchung für seinen Patienten. »Legen Sie sich auf den Bauch und spreizen Sie die Beine für mich.«

Kapitel 12

Der Wind zieht an seinem Haar, als Will aus dem Porsche steigt und Patrick ins Hotel folgt, nachdem er das Auto dem Parkservice übergeben hat. Seit anderthalb Tagen ist er Tony Molinaro und seiner neuen Braut erfolgreich ausgewichen, und er fühlt sich dadurch wesentlich besser.

Sie verbrachten den Morgen damit, die Salzwasserlagune zu erkunden. Als Patrick Tony und Angelica auf einem nahegelegenen Gehweg entdeckte, verließen sie das Resort und fuhren mit dem Wagen für den Rest des Tages nach Waialea, auch bekannt als *Strand 69*. Dort waren sie schnorcheln und spielten stundenlang in den Wellen. Familien und Kinder lagen am Strand und plätscherten um sie herum. Es war chaotisch und doch friedlich. Das Rauschen der Wellen übertönte die Details der Unterhaltungen der anderen Menschen, bis Will das Gefühl hatte, sie wären allein im wunderschönen Ozean. Als sie vom Salzwasser und der frischen Luft ordentlich müde waren, streckte sich Will aus, um in der Sonne zu trocknen, während sich Patrick mit seinem Schlapphut und einer Tube Titanoxid-Sonnencreme unter den gemieteten Sonnenschirm zurückzog und sein schrottiges Vampirbuch las. Anschließend trieben sie es wie Teenager hinter einem Felsen, bevor sie in den Porsche sprangen und zurückfuhren.

Für Will war es ein perfekter Tag. Seine Schultern sind entspannt, er befindet sich in Hochstimmung und seine Haut ist gebräunter denn je. Im Gegensatz dazu ist Patrick rot, hungrig und mürrisch. Trotz seiner Bemühungen, sich keinen Sonnenbrand zu holen, ist er am ganzen Körper pink, und auf seinen Schultern, Armen und der Brust leuchten Sommersprossen. Will liebt sie, aber Patrick findet sie nervig. In diesem Moment, müde und hungrig, wie er ist, findet Patrick alles nervig. Will ist es egal. Für ihn ist Patrick in jeder Stimmung liebenswert, und auf der Rückfahrt gab er ihm für jeden mürrischen Kommentar einen Kuss auf das Handgelenk.

»Dieser idiotische Parkwächter sollte besser keinen Kratzer in dieses perfekte Stück Maschine machen«, knurrt Patrick, als er beobachtet, wie der junge Mann den Porsche wegfährt.

Will packt seinen Arm und küsst erneut sein Handgelenk.

»Hör auf damit«, murmelt Patrick. »Du sabberst mich voll.«

Für diesen Kommentar leckt er über sein Handgelenk.

Patrick rollt die Ärmel seines T-Shirts nach oben, das auf der Vorderseite ein halbes Glas Wasser zeigt und mit den Worten bedruckt ist: *Halb Luft. Halb Wasser. Technisch gesehen ist das Glas immer voll.* Er piekst sich in die Schulter. »Ich vereinbare gleich einen Termin bei einem dermatologischen Onkologen, wenn wir nach Hause kommen, damit die Behandlung gegen beginnenden Hautkrebs sofort losgehen kann.«

»Du bist kaum rot.«

»Alle Verbrennungen sind …«

»Schlechte Verbrennungen, ich weiß.« Erneut küsst Will sein Handgelenk.

Angewiderte Blicke streifen sie. Diese subtile Homophobie hat er in der seltsam sicheren Enklave in Healing, South Dakota, fast vergessen. Die meiste Zeit war das Resort in Hawaii ebenfalls ein sicherer Hafen, aber es gibt eine Menge Schwulenfeindlichkeit in der Welt und eine Menge der Touristen im Hotel haben sie mit im Gepäck.

»Bestreich mich dick mit Aloe Vera und küss eine Stunde lang mein Arschloch, dann bin ich wieder glücklich«, meint Patrick. Eine Frau, die nahe bei ihnen steht, schnappt nach Luft. Patrick starrt sie an. »Kümmern Sie sich um Ihren eigenen Scheiß!«

»Keine Sorge«, sagt Will im Vorbeigehen zu ihr. Er kichert und fühlt sich von den Stunden in der Sonne und im Wasser wie besoffen. »Ich mag es, sein Arschloch zu küssen.« Er weiß nicht, was ihn da reitet. Diese Art von Kommentar ist eigentlich mehr Patricks Sache, aber er lacht noch mehr über ihr geschocktes Gesicht. »Da muss sich jemand dringend entspannen, was?«, sagt er, als sie weiter durch die Hauptlobby gehen und das Boot besteigen, das sie zurück zu ihrer Suite bringt. »Wahrscheinlich hätte sie auch gern ihr Arschloch geküsst bekommen.«

»Mhm«, äußert Patrick. »Ich habe Hunger. Lass uns beim Zimmerservice Essen über Essen bestellen.«

Will lächelt. Patrick ist jetzt im Essensmodus und nichts kann ihn davon ablenken, nicht einmal die Freude, andere Touristen zu ärgern.

»William Patterson! Wo um alles in der Welt bist du gewesen?«

Patrick bleibt noch vor Will stehen, wodurch der in ihn hineinläuft. Will blinzelt, Gänsehaut rast bei der schrillen Stimme seiner Mutter über seine Haut. Nein, das ist unmöglich. Das kann nicht sein.

Langsam drehen sie sich um und entdecken Kimberly ein paar Meter entfernt in der Lobby stehen. Sie hat die Hände in die Hüften gestemmt, die Sonnenbrille so tief auf der Nasenspitze, dass sie sie anstarren kann, und ihr seidenes Sommerkleid flattert in der ständigen hawaiianischen Brise.

»Mom?« Will schluckt hart. »Was tust du hier?«

Patrick massiert seine Nasenwurzel und flüstert: »Du hast mich verarscht.«

»Was ich hier mache? Ich sage dir, was ich hier mache«, faucht sie und stöckelt auf ihren Neun-Zentimeter-Absätzen auf ihn zu. Sie richtet einen perfekt gepflegten Finger auf seine Brust. »Du, junger Mann, du bist der Grund, warum ich hier bin. Du hast mich nicht angerufen!«

Wills Herz zieht sich zusammen und entspannt sich wieder. »Weil ich gerade in den Flitterwochen bin«, erwidert er, nicht sicher, ob das, was in den letzten Tagen geschehen ist, nicht vielleicht zusammenhängt. »Und mir geht es gut.« Erneut schluckt er hart. »Stimmt irgendetwas nicht? Geht es allen gut? Onkel Kevin? Ist er …?«

Kimberly tut seine Besorgnis mit einer beiläufigen Handbewegung ab. »Zu Hause geht es allen gut. Aber *dir* geht es nicht gut! Ich habe von deinem Abstecher in die Notaufnahme gehört!«

»Was? Ich war nicht … Warte, was?«, stottert Will und fährt sich mit den Händen durch die Haare. »Was ist hier los, Mom?«

»Tony ist los«, wirft Patrick dazwischen, ehe Kimberly antworten kann. Der Blick aus seinen verengten Augen klebt auf ihr. »Lass mich raten: Tony hat angerufen und dir erzählt, dass Will neulich Probleme mit seiner Insulinpumpe hatte, und war der Meinung, er sei im Krankenhaus.«

Kimberly wirft ihr Haar über ihre Schulter. »Ich habe versucht anzurufen. Aber bei keinem von euren Handys bin ich durchgekommen.«

»Ich gehe davon aus, dass du dann jedes Krankenhaus angerufen hast?«, fragt Patrick.

»Du weißt ebenso gut wie ich, dass sie heutzutage keine Patienteninformationen weitergeben. Nicht einmal einer Mutter.«

Er verdreht die Augen. »Bullshit. Sie haben dir gesagt, dass er kein Patient ist, aber du bist trotzdem hergekommen.«

»Du hättest die Rezeption anrufen und eine Nachricht hinterlassen können«, sagt Will und schließt sich Patricks Empörung an. »Da du ja anscheinend irgendwoher weißt, wo wir uns aufhalten.« Seine Augen füllen sich mit Tränen. »Warum bist du hergekommen? Um … was zu tun? Unsere Flitterwochen zu ruinieren? Hast du vor, uns unsere Flitterwochen kaputtzumachen, Mom?«

»Ich ruiniere eure Flitterwochen mit Sicherheit nicht.« Kimberly reckt das Kinn, aber in ihrer Stimme schwingt Unsicherheit mit. »Ich bin hier, um sicherzugehen, dass es dir gut geht.«

»Und?«, fragt Patrick.

Sie starrt ihn an und wendet sich dann wieder Will zu. »Und um deinen Vater zu sehen. Er scheint in Schwierigkeiten mit einer Frau zu sein und braucht Hilfe, um das hinzubiegen.« Sie glättet ihren Rock und senkt den Blick.

Patrick stöhnt. »Kauai. Morgen. Wir fahren morgen nach Kauai. Ende der Diskussion.«

»Nein!« Will schreit fast. Sein Herz schlägt ihm bis zum Hals. »Ich möchte morgen die Sache mit dem Meditationsbett am Meer ausprobieren. Und ich möchte die Kunstausstellung sehen, von der du mir erzählt hast.«

Patrick starrt Kimberly an. »Siehst du, was du getan hast? Du hast ihn wütend gemacht. Weiter so.«

»Oh, du glaubst, er ist wütend? Du weißt nicht, was Wut ist, bis dein Diabetikersohn nicht ans Handy geht«, antwortet Kimberly und zeigt mit ihren rosaroten Krallen auf Patrick. »Ich dachte, du als Arzt würdest das verstehen.«

»Und ich dachte, du als halbwegs intelligente Erwachsene reist nicht mehr um die halbe Welt, um für Tony

Molinaro die Beine breit zu machen, aber es sieht so aus, als würden wir uns beide irren.«

Will stößt einen Laut aus, der halb schluchzend und halb seufzend ist, und reibt sich über sein Gesicht. »Wie konnte ich nur glauben, jemals eine normale Hochzeitsreise unternehmen zu können? Was für Stoff hab ich da geraucht?«

»Molinaro-Patterson-Familien-Stoff«, sagt Patrick und starrt Kimberly böse an, wobei er eine Hand beruhigend auf Wills Rücken legt. »Wenn ich den Vorrat finde, spüle ich alles im Klo runter.«

Kimberly stemmt eine Hand in die Hüfte und nimmt mit der anderen ihre Sonnenbrille ab. Sie studiert Will, als könne sie Lügen in seine Haut eingeritzt sehen. Will fühlt beinahe, wie alle alten Lügen, die er nie zugegeben hat, unter ihrer Kontrolle an die Oberfläche gelangen. »Willst du mir sagen, dass du gestern Nacht nicht in der Notaufnahme warst, nachdem du in Ketoazidose warst?«

Will holt langsam Luft und versucht ruhig zu bleiben. »Was ich dir sage, Mom, ist, dass ich ein erwachsener Mann bin, und auch wenn ich im Krankenhaus gewesen wäre, was ich nicht war, brauche ich nicht Mami anrufen, damit sie um die halbe Welt fliegt und mir die Hand hält. Dafür habe ich meinen Ehemann.«

»Würde dein Mann mich anrufen, wenn du im Sterben lägst?« Kimberly durchbohrt Patrick mit ihrem harten Blick. »Ich denke, nicht.«

»Ich lag nicht im Sterben! Ich war nicht einmal im Krankenhaus!« Will wedelt mit den Händen in der Luft.

Wut und Frustration ballen sich zu einem Kloß in seinem Hals zusammen. »Und natürlich würde er dich anrufen, wenn ich im Sterben läge! Ich kann nicht glauben, dass du ihm nicht vertraust!«

»Eigentlich würde ich das wahrscheinlich nicht«, sagt Patrick ruhig. »Sie wäre nicht gut für dich, wenn du krank wärst. Ich würde den Anruf so lange hinauszögern, wie ich könnte.«

»Nicht jetzt.« Will funkelt ihn an und schüttelt den Kopf. »Sei jetzt nicht so ehrlich.«

»Gut.« Patrick tut so, als würde er seine Lippen zusperren.

Will wendet sich wieder seiner Mutter zu und seufzt. »Ich kann nicht glauben, dass du den ganzen Weg hierhergeflogen bist.«

»Natürlich bin ich das! Jede Mutter würde das tun!« Ihre Aufmerksamkeit wendet sich wieder Patrick zu. »Würde Dinah nicht kommen, wenn du im Krankenhaus wärst? Natürlich würde sie das.«

»Erst würde Dinah sichergehen, dass ich auch wirklich im Krankenhaus liege.«

»Und wie sollte sie das tun, wenn du nicht ans Handy gehst?«

»Sie ist eine kluge Frau. Sie würde Mittel und Wege finden.«

Die Spannung zwischen Kimberly und Patrick ist beinahe greifbar, und Will geht dazwischen, bevor die Situation eskaliert. »Es tut mir leid, dass du Angst um mich hattest, Mom. Es tut mir wirklich leid. Aber mir ging es gut. Die ganze Zeit.«

»Es geht nicht nur um dich, William. Ihr könnt doch eure Handys nicht die ganze Zeit ausgeschaltet lassen. Was ist, wenn es einen Notfall gegeben hätte? Was wäre, wenn Caitlin, Olivia oder Connor dich gebraucht hätten?«

Bei dieser Schuldzuweisung prustet Patrick verächtlich.

Will schließt die Augen und sammelt sämtliche Geduld, die er aufbringen kann. »Wenn es einen echten Notfall gegeben hätte, hätte Jenny davon erfahren. Und sie weiß, wo wir sind.« Will reibt seiner Mutter über die Schulter. »Sie hätte eine Nachricht im Hotel hinterlassen und die Angestellten hätten dafür gesorgt, dass wir diese Nachricht auch erhalten. Verstehst du?«

»Du solltest es begreifen, weil es lächerlich ist, sich so aufzuführen.« Patrick deutet energisch auf sie. »Und genau das wollten wir vermeiden.«

Kimberlys Augen füllen sich mit Tränen. »Nun, wenn du eine Mutter wärst und hören würdest, dass dein Sohn im Krankenhaus im Sterben liegt …«

»Er hat gesagt, ich liege im Sterben?« Will kann nicht glauben, dass sein Vater diese Farce so weit getrieben hat, nur um Kimberly für eine Fickorgie, deren Vorstellung allein für ihn schon fürchterlich ist, nach Hawaii zu locken.

»Nein, aber du hättest im Sterben liegen *können*«, meint sie. »Du weißt, was passiert ist, als du das letzte Mal im Krankenhaus warst.«

»Eigentlich war das vor einigen Untersuchungen in der Notaufnahme.« Will drückt ihre Schulter sanft und schaut ihr in die Augen, um seine Ernsthaftigkeit und Aufrichtigkeit zu beteuern. »Ich bin schon lange nicht mehr beinahe gestorben.«

»Erinnere mich nicht daran, wie oft du im Krankenhaus gelandet bist, junger Mann! Das ist gerade nicht hilfreich!« Sie blinzelt eine Träne aus ihren blauen Augen und gräbt in ihrer Handtasche nach einem Taschentuch.

»Apropos Krankenhäuser«, sagt Patrick und reibt sich die Schläfen, bevor er sie schmallippig anlächelt. »Wie geht's Kevins dummem Kopf? So gut wie neu, hoffe ich?«

»Er kümmert sich um die Kinder. Es geht ihm gut.« Sie wischt sich die Nase ab. »Er muss nur eine Weile Abstand von den Pferden halten. Das ist alles.«

»Das ist gut zu hören.« Er nickt zustimmend. »Ich schätze, ich kann Dr. Lermas Diagnose vertrauen.« Obwohl es für Will eindeutig ersichtlich ist, dass er Kevin selbst noch einmal untersuchen möchte.

»Das ist Dads Schuld, okay?«, sagt Will und konzentriert sich wieder auf seine Mutter. »Er wollte dich hierhaben und er hat bekommen, was er wollte.«

»Wo ist er?«, fragt sie und schaut sich hoffnungsvoll um. Dabei glättet sie ihr Kleid und fährt sich mit den Fingern durch die Haare. »Seit ich gelandet bin, versuche ich, ihm eine SMS zu schicken, aber er antwortet nicht.«

»Wahrscheinlich genießt er seine neue Braut«, erwidert Patrick. »In einem Busch. Oder am Strand. Irgendwo öffentlich, wenn möglich. So wie es ihm am besten gefällt.«

»Patrick, nicht«, bittet Will.

Kimberly starrt ihn an, öffnet den Mund und schließt ihn wieder. Dann füllen sich ihre Augen nicht nur mit Tränen, sie laufen über.

»Mom?«, fragt Will und zieht sie in seine Arme. »Hey, wein nicht. Es geht mir gut. Es tut mir leid, dass ich dich angeschrien habe …«

»*Mir* tut es *nicht* leid«, sagt Patrick und verdreht die Augen.

Will ignoriert ihn, und als seine Mutter nicht zu weinen aufhört, führt er sie zu einer Bank unter einer Pergola, die mit rosanen und gelben Blüten an einer Weinrebe verziert ist. Der Platz liegt außerhalb der Hauptlobby und ist weniger öffentlich. Sie haben genug Aufsehen erregt.

»Ich weine nicht wegen dir«, schluchzt Kimberly, greift in ihre Handtasche und holt ein frisches Taschentuch hervor.

»Tust du nicht?«

»Nein. Natürlich nicht.« Eine abweisende Handbewegung unterstreicht ihre Worte. »Du bist ja in Ordnung.«

Will knirscht mit den Zähnen, setzt sich aber neben seine Mutter. Patricks Magen knurrt und Will seufzt. Es ist nur eine Frage der Zeit, bis Patrick wirklich hungrig wird, wenn er es nicht schon ist. Und Will braucht ebenfalls sein Abendessen. Für seine Gesundheit. »Wie kann ich dir helfen, Mom?«, fragt er in der Hoffnung, gleich auf den Punkt kommen zu können, doch die meisten

Gespräche mit seinen Eltern sind wie Labyrinthe. Man kommt rein, aber nicht mehr heraus.

»Hast du gesagt, dass Tony verheiratet ist?«, fragt Kimberly und ihr Blick wandert zu Patrick.

»So sicher wie das Amen in der Kirche«, bestätigt Patrick.

Ihre Lippen verziehen sich leicht, aber sie setzt sich gerade hin. Ihre Stimme klingt angespannt, als sie fragt: »Mit wem?«

»Angelica Madison.« Patrick hebt eine Braue. »Eine außergewöhnliche Stripperin. Nettes Mädchen. Sie macht *Spaß*.«

»Patrick«, warnt Will ihn erneut. Die hawaiianische Brise umweht sie mit einem Duft von Jasmin.

Kimberly schließt die Augen und schüttelt den Kopf. »Ich bin so ein Idiot.«

»Erzähl mir mehr davon«, sagt Patrick.

Will blickt ihn stumm an, bis er aufgebend die Hände hebt.

Kimberly scheint den sarkastischen Kommentar ernst zu nehmen. »Als er sagte, dass er mit einer Frau in Verlegenheit geraten ist, dachte ich, er würde versuchen mich eifersüchtig zu machen, damit ich hierherkomme, um ihm zu helfen. Ich habe nicht gedacht …« Sie schnieft erneut. »Du meinst, er ist eigentlich …? Er hat sie geheiratet?«

»Zum Spaß«, wiederholt Patrick, diesmal jedoch sanft, als versuche er freundlich und beruhigend zu sein. In Wills Bauch flattern Schmetterlinge, sein Herz schmilzt. Unter seinem rauen Äußeren ist Patrick ein Heiler und versucht immer jedermanns Leiden zu lindern. Sogar bei jemandem, den er nicht besonders mag.

»Es ist nur ein kurzes Abenteuer.« Will streicht seiner Mutter eine Haarsträhne hinter das Ohr. »Er versucht nur dich zu ködern.«

»Und es hat funktioniert«, stellt Patrick fest.

Kimberly tupft mit dem Taschentuch ihre Augen ab. »Ist meine Mascara verlaufen?«

»Nein«, antwortet Will.

»Gut.« Sie strafft ihre Schultern und hebt das Kinn. Ihre Tränen werden durch ein Blitzen in ihren Augen ersetzt. »Ich möchte so gut wie möglich aussehen, wenn ich ihm den Marsch blase.«

»Und den Schwanz.«

»Patrick!«, schnappt Will. Das entspannte Gefühl von vorher löst sich in der späten Nachmittagssonne und den roten Augen seiner Mutter auf. »Mom, beruhige dich und …«

»Nein, ich muss ihn finden«, widerspricht Kimberly, steht auf und glättet einmal mehr ihr Kleid. »Jetzt, wo ich weiß, dass du in Sicherheit bist, helfe ich deinem Vater, sich aus den Krallen dieser Goldgräberin zu befreien. Auch wenn er meine Hilfe nicht verdient.«

»Diamantengräberin.« Patrick breitet die Arme weit aus. »Sie hat einen riesigen Diamanten, den sie verkaufen will.«

»Um ihre Rückkehr ans College zu finanzieren«, bestätigt Will, erhebt sich ebenfalls und nimmt die Hand seiner Mutter.

Kimberly runzelt die Stirn. »Grundgütiger, wenn dieser Mann wollte, dass ich für ein kleines Tropenabenteuer herkomme, hätte er nur anrufen müssen. Er weiß, dass es nicht mehr braucht.« Sie verdreht die Augen. »Warum die Geschichte, dass du im Krankenhaus bist? Warum heiratet er eine …?« Sie wedelt mit der Hand. Ein Papagei kreischt in einem nahen Käfig.

»Stripperin?«, hilft Patrick ihr auf die Sprünge.

Will beobachtet, wie ein Schmetterling vorbeifliegt und in einem der blühenden Büsche neben der Pergola landet. »Ich glaube, er denkt, das ist …«

»Spaßiger«, wirft Patrick erneut ein.

»Ja.« Will reibt sich mit der Hand über sein Gesicht, dann piept sein Gerät wieder. Er schaut auf die Anzeige runter. »Niedrig.« Er reißt seiner Mutter die Handtasche von der Schulter, nimmt ein Röhrchen mit Traubenzucker heraus, öffnet es, schüttet den schrecklich süßen Inhalt in seinen Mund und schließt die Augen.

Patrick sieht Kimberly mit hochgezogener Augenbraue an. »Hör auf, ihn so zu stressen.«

»Mache ich nicht«, antwortet sie gereizt. »Ihr beide stresst mich. Also, du und sein Vater.«

»Dann geh und such seinen Vater.« Patrick nimmt Wills Hand. »Wir sind auf Hochzeitsreise und du bist nicht eingeladen.«

Kimberly schnappt nach Luft, aber Patrick wartet nicht, um sich erneut mit ihr zu streiten. Will wehrt sich nicht gegen ihn, als er ihn den Weg zum Bootsanleger führt, damit sie zu ihrer Suite fahren können.

Will rollt das Traubenzuckerpulver in seinem Mund herum und seufzt erneut. Er schaut nicht einmal mehr über seine Schulter, um sich zu vergewissern, dass es ihr gut geht. Seine Mutter kann für sich selbst sorgen. Er ist damit fertig so zu tun, als sei seine gesamte Familie komplett verrückt. Zumindest bis nach dem Abendessen. Und nachdem er einige Zeit damit verbracht hat, Patricks Loch zu küssen. Dann ist er vielleicht wieder bereit, über seine Familie und ihre Dramen nachzudenken. Aber er zweifelt daran. Er ist mit Patrick in den Flitterwochen und wird jeden einzelnen Gedanken dazu einsetzen, sie zu genießen. Auch wenn seine Familie entschlossen ist, es ihm schwer zu machen. Wirklich schwer. Oder unmöglich.

Kapitel 13

»Willst du die Vulkane sehen?«, fragt Patrick am nächsten Morgen, als sie durch das Resort spazieren, um sich endlich die Kunstausstellung anzusehen. Patrick wollte die Freiluftkollektion ohne das sehen, was er einen *nervigen und wahrscheinlich idiotischen Dozenten* nannte.

»Hmmm, ich weiß nicht.« Will neigt den Kopf, um eine Statue aus Japan zu mustern. Sie sieht fast genauso aus wie die letzten vier Statuen, die er gesehen hat, aber er ist sich sicher, dass es einige wichtige Unterschiede gibt, die Patrick durch das Vorlesen aus dem Sammlungsleitfaden ans Licht bringen wird. »Ich würde lieber hier im Resort bleiben. Vielleicht können wir morgen zu dem schwarzen Sandstrand fahren, von dem wir gesprochen haben, aber …« Will greift nach Patricks zarter Nase. »Du bist bereits verbrannt. Wir sollten im Schatten bleiben.«

Patrick richtet seinen Schlapphut und seine Sonnenbrille und nickt. »Einverstanden. Wer braucht Vulkane? Die Dinge hier waren explosiv genug.«

»Sexy explosiv oder wütend explosiv?« Will kennt die Antwort bereits.

»Beides.« Patrick runzelt die Stirn und klappt den Reiseführer zu. Er schaut auf seine Uhr. »Unser Termin für das Meditationsbett am Strand ist in Kürze. Wir können genauso gut diesen Weg hier nehmen.«

»Hast du alles gesehen, was du sehen wolltest? Von der Kunst, meine ich?«

Patrick nickt. »Und jetzt möchte ich dich nackt sehen.«

Will schaut sich um und senkt seine Stimme. »Aber ich dachte, die Meditationsbetten wären draußen.«

Er legt die Stirn in Falten. »Sind sie auch. Komm mit.«

Als sie die Pfade des Resorts entlanggehen und auf das kleine Gebäude zusteuern, wo sie sich für die Benutzung der Meditationsbetten melden sollen, nimmt Patrick Wills Hand.

Will drückt seine langen, feinen Finger.

»Erinnerst du dich, als wir uns damals damit einverstanden erklärt haben, verheiratet zu bleiben?«, fragt Patrick. Sein Daumen streicht über Wills Knöchel. Seine Augen verengen sich, als er einen großen Mann entdeckt, der sich ihnen auf dem Weg nähert und viel zu offensichtlich zweimal auf ihre verschränkten Hände blickt.

»Als ich dich bei Dinah besuchte?«

»Ja.«

»Ich glaube nicht, dass ich das jemals vergessen werde. Ich hatte Angst, du würdest mich nicht zurücknehmen.«

Patrick schnaubt. »Aber das habe ich getan. Du Glückspilz.«

»Ebenfalls Glückspilz.«

»Stimmt. Und ich habe nachgedacht.«

»Ja?«

»Meinst du nicht, wir sollten uns langsam um die andere Sache kümmern, die wir besprochen hatten?«

»Die andere Sache?«

»Eine Familie gründen.« Patrick räuspert sich, sein Daumen streicht immer noch über Wills Knöchel, mit der anderen reibt er sich unbewusst über sein Gesicht.

Will steht der Mund offen. »Du willst über die Gründung einer Familie reden?«

»Wir sind seit einigen Jahren verheiratet. Ich werde nicht jünger.«

»Wow.«

»Wow, was? Hast du deine Meinung geändert?« Patricks Adamsapfel hüpft, als er krampfhaft schluckt. »Weil ich meine nämlich *nicht* geändert habe.«

Will zieht ihn auf eine Bank unter einer rankenumwickelten Pergola, auf die sie sich mit immer noch verschränkten Händen setzen. »Natürlich habe ich meine Meinung nicht geändert. Ich dachte nur, *ich* sei derjenige, der dich überzeugen muss.«

»Okay. Prima. Für einen Augenblick dachte ich …« Er zuckt mit den Schultern und setzt sich kerzengerade hin. »Wir sollten damit anfangen, wenn wir zu Hause sind.«

»Anfangen zu reden oder …?«

»Den Prozess beginnen. Einfach anfangen.«

»Wir können nicht einfach anfangen. Es gibt zu viel zu beachten. Ich meine, ich habe meine Meinung nicht geändert, aber ich dachte nicht, dass du das jetzt schon willst.«

»Warum nicht?« Patrick runzelt die Stirn. »Ich habe darauf gewartet, dass du sagst, du wärst bereit. Es ist, was du willst. Was wir beide wollen.« Er nickt entschieden. »Lass es uns einfach tun.«

»Es ist nicht so, dass es für uns einfach wäre. Es gibt viele Stolpersteine, denen wir ausweichen müssen. Es sind Entscheidungen zu treffen und Dinge zu bedenken.«

»Das werden wir tun.«

»Wir haben nicht einmal darüber gesprochen, ob wir uns eine Leihmutter suchen oder den Weg der Adoption gehen.«

»Das sind nur Einzelheiten.«

»*Wichtige* Einzelheiten.« Will studiert Patricks Gesicht und nimmt den scharfen Bogen seines Kiefers und das sture Verziehen seines Mundes wahr. »Warum *jetzt*? Ich meine, wir versuchen gerade, unsere Hochzeitsreise zu machen, und die Familie, die wir bereits haben, macht das fast unmöglich. Ich finde, das sollte dich vorsichtig machen, noch jemanden in dieses Chaos zu involvieren, vor allem ein Baby.«

»Stimmt. Das wäre die logische Schlussfolgerung. Es wäre am sinnvollsten, andere Menschen, vor allem unschuldige, weit von der Freakshow des Patterson-Molinaro-Clans fernzuhalten, aber …« Er bricht zum zweiten Mal innerhalb weniger Minuten ab, was für ein Mangel an Präzision spricht, die von tiefen Gefühlen oder Verwirrung zwischen seinem logischen Verstand und seinen Gefühlen ausgelöst wird. Es lässt Wills Herz klopfen.

»Aber?«, hakt Will nach. Die frischen Sommersprossen auf Patricks Nase leuchten und Will würde sie am liebsten mit dem Finger nachzeichnen.

»Aber du bist ein Patterson-Molinaro und mein liebster Mensch auf Erden, und deine Geschwister sind auch in Ordnung. Ein Baby wird es auch sein.«

»Du liebst Babys.« Will wartet auf die unvermeidliche Leugnung dieser unumstößlichen Tatsache, aber sie kommt nicht.

Patrick rutscht unbehaglich auf der Bank hin und her.

»Was? Erzähl es mir.«

»So ärgerlich es ist, das zuzugeben, aber ich liebe Babys wirklich. Und in letzter Zeit denke ich immer wieder darüber nach, wie sehr ich dein Baby lieben würde.«

»*Unser* Baby.«

»Ja. Ich würde es sehr lieben.«

Wills Magen überschlägt sich. »Ich würde es auch lieben.«

»Wir schützen es vor der Verrücktheit deiner Familie, und wenn wir das nicht können, werden wir ihm oder ihr beibringen, es zu ertragen. Charakterbildung fördern.«

Will lacht. »Okay, ich kann nicht glauben, dass ich derjenige bin, der vorschlägt, dass wir noch ein bisschen länger auf die Bremse treten. Aber wie wäre es damit: Wenn wir nach Hause kommen, erstellen wir eine Liste mit Diskussionspunkten, mit Dingen, die wir entscheiden müssen, bevor wir überhaupt anfangen.«

Erneut drückt Patrick Wills Hand. »Du ziehst den Schwanz nicht ein?«

»Absolut nicht. Aber es gibt so viel zu entscheiden. Wenn wir eine Leihmutter nehmen, müssen wir uns überlegen, ob es jemand sein soll, den wir kennen, oder ob wir jemanden anheuern. Wenn wir ein Kind adoptieren, müssen wir zwischen national oder international wählen. Ich habe mich mit LGBT-Adoptionsfällen befasst, mit Zuschüssen, um die Kosten hauptsächlich über Good Works zu kompensieren. Das alles ist nicht einfach.«

»Ich möchte nur wissen, dass wir es tun werden. Als ich dich geheiratet habe, hast du mir ein Baby versprochen.« Patricks Lächeln verwandelt sich in ein Grinsen.

»Ich erinnere mich, dass ich mehr versucht habe, dich zu überzeugen, als es zu versprechen.«

»Tomate. To-ma-te. Lass uns gehen. Unser Termin beginnt in wenigen Minuten. Ich hasse es, zu spät zu kommen.«

Wills Herz schmerzt, als sie mit nach wie vor verschränkten Händen zur Anmeldung gehen. In seinem Kopf wirbeln Gedanken darüber, wie er mit Patrick eine Familie gründet: Wie wird ihr Baby aussehen, wie werden sie als Eltern sein, wie hält man ein Kind in einer Welt des Patterson-Molinaro-Wahnsinns seelisch gesund?

Die Meditationsbetten liegen weit auseinander auf den Felsvorsprüngen, die das Anwesen am Meer säumen. Sie sind weiß, mit Vorhängen versehen und haben die einzig offene Seite zum Ozean hin. Und selbst diese offene Seite verfügt über einen Sichtschutz, der zugezogen werden kann, um sich vor den Blicken von Leuten, die auf Jetskis oder in Booten vorbeifahren, zu schützen.

Will zieht sich bis auf die Unterwäsche aus, lässt sein Gerät angeschlossen und faltet seine Kleidung zu einem ordentlichen Stapel auf der Ablage an der Kopfseite des Bettes. »Lassen wir die Familienplanung erst mal beiseite«, sagt er. »Wir sind immer noch auf Hochzeitsreise.« Dann streckt er sich auf dem warmen, weichen Laken aus und lächelt einladend.

Patrick entkleidet sich natürlich ohne Scham komplett und lässt sich neben ihm auf das Bett fallen, mit dem weißen Hintern nach oben. Er deutet auf das Wasser, das bis zum Horizont schimmert. Die Diskussion über Familiengründung scheint so gut wie vergessen zu sein. »Romantisch, oder?«

Will lächelt, rollt sich auf die Seite und bewundert die lässige Pose seines Mannes. Einige Leute mögen Arroganz in Patricks Stimme hören, aber Will hört auch die zugrunde liegende Schwäche, die ihn sich fragen lässt, ob alles in Ordnung ist und er es richtig macht. »Sehr romantisch. Ich bin froh, dass du das für uns geplant hast.«

Patrick wirft Will sein scharfes, sexy Grinsen zu und dreht sich auf den Rücken. »Die nächste Sache, die mich auszeichnet: Urlaubsplanung.« Dann runzelt er die Stirn. »Aber beim nächsten Mal werden wir irgendwohin fahren, wo wir wirklich allein sind. In die Berge von Tibet vielleicht. Oder zu einem langen Aufenthalt in einem Nomadenzelt in der Mongolei. Deine Familie wird uns dort nicht finden. Außer Eleanora. Sie könnte es schaffen.«

Will seufzt und beobachtet, wie das Wasser in die Höhe spritzt, als eine Welle auf den Lavafelsen unter ihrem Bett bricht. »Tony könnte jemanden dafür bezahlen.«

»Stimmt. Wo wir gerade von deinen Eltern reden, die haben heute früh ziemlich entspannt ausgesehen.« Patrick wackelt mit den Augenbrauen. »Wer wusste schon, dass deine Mutter in mehr als einer Hinsicht flexibel ist?«

»Schhh, lass uns so tun, als wären sie nicht hier.«

»Deal«, stimmt Patrick zu.

Will atmet tief und lang aus und versucht zu vergessen, dass sie Kimberly, Tony und Angelica am Morgen beim Frühstück gesehen haben. Er und Patrick waren aus dem Restaurant geflüchtet, ehe sie entdeckt werden konnten, und hatten statt eines richtigen Frühstücks nur Proteinsmoothies am Pool getrunken. Es hatte eine Stunde gedauert, bis Will das Bild von den dreien, wie sie sich in einer Weise berührten, die er sich nicht mal vorstellen wollte, abschütteln konnte. Es ist eine Sache zu wissen, dass seine Mutter und sein Vater nicht die Hände voneinander lassen können, aber es ist eine ganz andere Sache, über eine dritte Partei nachzudenken, die da mitmischt.

»Ich mache mir Sorgen um Jenny«, sagt Patrick nach ein paar Minuten der Stille, in der sie nichts anderes hörten als Vogelgezwitscher, das Flattern des Windes in den Vorhängen und das Donnern der Wellen gegen den Fels.

»Ja? Willst du sie anrufen?«

Er schüttelt den Kopf. Ein Runzeln zerfurcht seine Stirn, sein Blick ist auf das Meer gerichtet. »Ihr Arschloch-Ex wird nicht bleiben. Und diesmal hat sie auch Dylan mit reingezogen.«

»Und Dylan liebt Jax«, murmelt Will, der Sympathie für Jennys Jungen empfindet. Er weiß nur zu gut, wie es ist, sich an jemanden zu binden, mit dem seine Mutter zusammen ist, nur um alles auseinanderfallen zu sehen, weil sein leiblicher Vater wieder einmal durch die Stadt wirbelt.

»Ja.«

Beide überlegen einen Moment.

»Nun, sie ist eine Idiotin.« Patrick reibt sich schnell die Augen, als würde er die Sorge abwischen wollen, bevor er sich auf die Seite wälzt, um Will anzusehen. Sein Schwanz ist schlaff, aber als er gegen sein Bein fällt, zuckt er und schwillt an.

»Was hast du da?«, fragt Will und streicht mit dem Zeigefinger sanft über die wachsende Länge seines Schwanzes.

»Ich habe dir doch erzählt, dass in meiner Kindheit mein Spitzname Schlange war.«

Will lacht und rollt mit den Augen.

»Mach weiter. Nachdem ich dir meinen gezeigt habe, zeigst du mir jetzt deinen.«

Will schaut sich um, als wären die weißen Vorhänge plötzlich durchsichtig, dann aber schiebt er seine Shorts nach unten, nimmt Pumpe und Kabel ab und stopft alles in die Ablage, wobei er mit den Messwerten zufrieden ist und sich sicher fühlt, eine Stunde lang spielen zu können. Er streckt sich auf dem Rücken aus. Das Blut rauscht nach Süden, als Patrick seinen Schwanz umfasst. Die letzten Zentimeter versteifen sich in Patricks erfahrener Hand.

»Ich habe ein schönes, enges Loch, das aussieht, als könnte man es gleich stopfen«, sagt Patrick ernst und untersucht Wills Schwanz als wäre er etwas, das er dafür durchaus in Betracht zieht.

»Vielleicht solltest du mir das mal zeigen.«

Patrick grinst, dreht sich um und spreizt die Beine schnell vor Wills Gesicht. Dann beugt er sich tief vor, um heißen Atem über seinen Schwanz zu blasen, während Will die Hände hebt und Patricks festen Arsch massiert.

Die Salzwasserbrise weht erneut über sie hinweg. Will erschaudert und manövriert eines der flauschigen Kissen unter seinen Nacken. Somit muss er sich nicht so strecken, damit er Patricks Loch erreicht.

»Er sieht aus, als würde er seinen Zweck erfüllen«, murmelt Patrick und leckt über Wills Eichel.

Patricks Arschbacken auseinanderziehend, betrachtet Will das enge Loch. Er drückt sie noch einmal zusammen, um es zu verbergen. Ein reizendes Versteckspiel mit dem Teil von Patrick, das er jetzt so sehr küssen möchte. Aber er lässt Patrick und sich warten, bis heiße, feuchte Hitze seinen Schwanz umschließt. Will windet sich, als Patrick weiter und weiter hinunterrutscht und Wills Schwanz in seine Kehle schiebt. »Gib's mir«, grunzt Will. Er weiß, dass er gut blasen kann. Patrick lobt seine Fähigkeiten jedes Mal. Aber soweit es

Will sagen kann, ist Patrick der Deep-Throat-Weltmeister.

Patrick antwortet nicht, sondern beginnt den Kopf auf und ab zu bewegen. Ein sexy nasses Gurgeln quillt dabei aus seiner Kehle.

Will zittert, der Wind vom Ozean reizt seine Nippel und fährt durch sein Haar. »Mmh.« Will spreizt seine Schenkel, hofft, dass Patrick mit seinem Loch spielt, während er sich um Patricks Vergnügen kümmert. Zärtlich und nach Moschus duftend zuckt Patricks Loch gegen Wills Zunge, als er den engen Muskelring entschlossen durchstößt.

Patrick drückt ihm seinen Hintern entgegen, entlässt Wills Schwanz aus seinem Mund, um Atem zu holen, und nimmt ihn anschließend erneut tief in sich auf.

Mit feuchter Hitze an seinem Schwanz und Patricks süßem Loch an den Lippen taucht Will in die Düfte und Geräusche ihres Liebesspiels ein. Das Wasser unter ihnen rauscht, donnert und bricht.

Nachdem er Will zweimal fast zum Höhepunkt gebracht hat, zieht sich Patrick zurück, setzt sich auf und holt den kleinen Rucksack, den er aus ihrem Hotelzimmer mitgebracht hat. Nach der Woche, die sie hier verbracht haben, ist das Gleitgel fast leer, aber es reicht noch, um einen Tropfen über seinem offenen, speichelfeuchten Loch zu verteilen und dann etwas über Wills Schwanz zu streichen. Patrick ist öfter oben als unten, das ist die Art, wie sie beide es mögen. Aber Will liebt es, dass Patrick keine Umwege macht, wenn er gefickt werden will. Jetzt ist es nicht anders. Er hält Wills Hüfte fest, greift nach unten und lotst Will in sich. Sein Kopf fällt nach hinten, der Mund steht offen, ein Stöhnen, gemischt aus Schmerz und Vergnügen, dringt aus seiner Kehle.

Will stöhnt ebenfalls. Als sein Schwanz in Patricks enge Hitze eintaucht, bewundert er seinen Mann. Er fährt mit den Händen über Patricks Oberschenkel, über den schlanken Bauch bis zu den spärlichen Brusthaaren. Das gefilterte Sonnenlicht schimmert auf Patricks Körper, scheint rot und golden in seinem rotbraunen Haar. Der Wind kühlt seine Haut und Will ist sich nicht sicher, ob es die Brise oder die Berührung ist, die Gänsehaut über Patrick jagt. »Komm her«, haucht er, schiebt seine Finger in Patricks Haar und zieht ihn in einen Kuss.

Das Klatschen ihrer Haut aufeinander, die nasse Erkundung ihrer Zungen und die enge Hitze, mit der sie ineinander stecken, verschmilzt mit der Seeluft und dem Möwengeschrei zu einem leichten, trägen Fick, bis Will Patrick auf den Rücken wirft und sich enorm hart in ihn rammt, um sicherzustellen, dass Patrick Sterne sieht.

Patrick grunzt, seine Finger kratzen gegen Wills verschwitzten Rücken und rutschen nach unten, um seine Arschbacken zu massieren. »Lass mich kommen.«

Will vergräbt sein Gesicht in Patricks Nacken, leckt das Salz von seiner Haut und küsst ihn hinter dem Ohr.

Patrick wimmert, zwängt eine Hand zwischen sie, packt seinen Schwanz und wichst schnell.

Wills Stöße werden nicht langsamer, während sich Patricks Loch um ihn herum zusammenzieht. Nur seine

Atemzüge verraten seine Anspannung. Immer wieder taucht sein Schwanz in die Hitze von Patricks Körper und Will beobachtet, wie Patricks Augen jedes Mal ihren Fokus verlieren. Seine Sommersprossen leuchten auf seinen roten Wangen. Seine Muskeln spannen sich an, seine Augen öffnen sich weit. Er starrt Will mit einer Verletzlichkeit an, die wie immer in sein Herz dringt. Und dann stöhnt er auf und kommt zwischen ihnen. Will umarmt Patricks zitternden Körper und fickt ihn so lange weiter, bis sein eigener Höhepunkt über ihn hinwegfegt. Er spritzt tief in Patrick hinein. Sein Herz quillt über vor Zärtlichkeit und Liebe.

***

Patrick erhebt sich langsam von Wills Schwanz und fällt neben ihm auf den Rücken. Der Wind lässt ihn zittern, als der Schweiß auf seiner Haut abkühlt. Sein Arschloch brennt von dem harten Fick. »Eines sage ich immer über dich, Will Patterson.« Er streckt die Hände aus, um Wills zu fassen. »Du bist ein toller Fick.«

Will glänzt vor Schweiß und Sperma und keucht: »Du sagst das immer über mich? Zu wem?«

»Jedem, der es hören will.«

Will lacht und kneift dabei verführerisch die Augen zusammen.

Patrick runzelt die Stirn über seine eigene Beschreibung. Er steht immer neben sich, wenn er gefickt wurde.

»Ich sollte entsetzt sein, weil das wahrscheinlich wahr ist«, sagt Will.

»Es *ist* wahr. Alles davon.« Patrick lobt seine sexuellen Fähigkeiten bei jeder Gelegenheit, die sich ihm bietet. Schließlich verbrachte Will viel zu viele Jahre damit, sich für eine seiner größten Begabungen zu schämen. »Du bist erstaunlich im Bett. Der Beste, den ich je hatte.«

»Du weißt, dass ich mich immer freue, das zu hören«, neckt Will und knufft ihm in die Rippen, bis er vor Lachen bellt. Die Vorhänge flappen um sie herum. »Aber du musst das nicht jedem unter die Nase reiben!«

Patrick ist anderer Meinung und flüchtet vor Wills Fingern. »Doch, muss ich. Das hält die Arztjäger fern.«

»Ach ja? Arztjäger?«

»In jedem Krankenhaus gibt es welche, und dass ich schwul bin, schließt mich nicht davon aus.«

Will hebt neugierig die Brauen. »Und was sagen diese Arztjäger, wenn sie von meinen Fähigkeiten im Schlafzimmer hören?«

»Normalerweise bieten sie mir an, mir zu zeigen, dass sie dich überbieten können«, grummelt Patrick. »Sie wissen nicht, wie sie mit einem Nein als Antwort umgehen sollen. Jedenfalls nicht, bis ich sie zum Weinen bringe.«

»Das würdest du auch machen, wenn sie dir nicht anbieten würden, dir den Schwanz zu lutschen.«

»Wenn sie sich auf ihre Arbeit konzentrieren würden, gäbe es allgemein weniger Tränen.« Er drückt Wills Hand und zuckt mit den Schultern. »Ich kann es nicht ändern, dass ich heißer als die Hölle bin, aber sie müssen echt lernen, wo ihr Platz ist.«

»Krankenschwestern«, sagt Will und schüttelt amüsiert den Kopf.

»Wo wir gerade von Krankenschwestern reden, dein Onkel glaubt, ich ficke Varun.«

Wills Augenbrauen wandern bis zu seinem Haaransatz. »Warum denkt er das?«

»Weil ich gesagt habe, dass Varun hübsch ist. Ich habe nur versucht den armen Kerl ein wenig anzuheizen. Wann wurde Kevin das letzte Mal gefickt? Das muss eine Million Jahre her sein, wette ich.«

»Lass uns nicht darüber reden, wie mein Onkel Sex hat.«

»Wir reden davon, dass er *keinen* Sex hat, Puddin' Pop.«

»Falsch. Wir reden überhaupt nicht über ihn und Sex. Okay? Wir sind auf Hawaii, nackt am Ufer des Ozeans. Lassen wir meinen Onkel vollständig bekleidet in Healing, wo er hingehört.«

»Mit den Kindern. Während deine Eltern auf unserer Hochzeitsreise einen Dreier mit einer Stripperin haben. Oh, die Süße des Mittleren Westens.«

»Das Leben, das wir führen, ist ein Märchen.« Will gluckst, seine Augen strahlen. »Wenn das hier unser Bettgeflüster ist, sind wir wirklich ein altes Ehepaar.«

»Da liegst du falsch. Bei alten Ehepaaren gibt es Bettgeflüster wie ›Hol Butter im Laden‹ und ›Vergiss nicht, deine Einlage für Blasenschwäche zu verwenden‹.« Er grinst. »Oh, so viele Entzückungen, auf die wir uns freuen dürfen.«

»Sexy.«

»Du sagst es.«

»Willst du wirklich mit mir alt werden?«, fragt Will.

»Nö. Ich habe dich geheiratet, weil du einen jungen, heißen Arsch hast. Und wenn er runzlig wird, bin ich weg.«

Wills Lippen verziehen sich zu einem kleinen Lächeln. »Es gab eine Zeit, in der es mich erschreckt hätte, so etwas von dem Mann zu hören, den ich liebe. Ich hätte gedacht, er meint das ernst. Aber bei dir weiß ich, dass du nirgendwohin gehst. Niemals. Du liebst mich.«

»Es ist echt ekelhaft und ich empfehle jedem, nicht solche Gefühle zu entwickeln, aber, ja, ich liebe dich.«

Will zeigt auf die Samenschlieren, die auf seinem Bauch trocknen. »Wie bekommen wir das ab, bevor es in meinen Schamhaaren trocknet?«

»So.« Patrick beugt sich über Wills fein definierte Bauchmuskeln und leckt die Sauerei mit der Zunge ab. Wills Schwanz richtet sich langsam wieder auf, sein Körper drückt sich gegen das Laken, seine Beine breiten sich einladend aus. Patrick lutscht an zwei Fingern und schiebt sie in Will. Er lacht leise, als sich seine Hüften heben und seine Haut vor erneuter Lust rot wird.

»Wie lange haben wir dieses Bett?« Will schnappt nach Luft, während Patrick seine Prostata massiert.

»Den ganzen Nachmittag.«

»Wie wäre es mit ein bisschen neunundsechzig?«

Patrick grinst. »Warum nicht? Ich bin ohnehin dafür, dich den Rest des Tages zu ficken und dir einen zu blasen.«

»Ich auch.« Will windet sich unter seinen Fingern und schreit leise auf.

Die Brise und die Brandung vermischen sich mit den Klängen und Düften ihres Liebesspiels, bis die Sonne untergeht. Patricks Herz ist leicht und sein Körper zittert vor Erschöpfung, als er ein letztes Mal in Wills Mund abspritzt.

Händchen haltend spazieren sie zurück zu ihrer Suite. Patricks Beine zittern leicht. »Zimmerservice«, grunzt er. Er will nicht riskieren, Wills Eltern unvorbereitet beim Abendessen in die Arme zu laufen. Was macht es schon, wenn sie es nicht zu einem der extravaganten Luaus schaffen, die im Resort angeboten werden? Das ist nur ein kleiner Preis, wenn sie dafür weiteres Drama vermeiden können.

»Auf jeden Fall«, stimmt Will zu. »Und dann können wir lesen.«

Patrick nickt knapp. »Vampire, ich komme.«

Es wäre jedoch nicht sein Leben, wenn sie nicht ohne ein weiteres Zusammentreffen mit der unheiligen Dreieinigkeit in ihr Zimmer zurückgelangen würden.

»Will!«, ruft Kimberly, als sie am Pool vorbeikommen. Sie sitzt auf einer Liege neben Angelica. Ihre Wangen sind von der Sonne und weiß Gott was noch gerötet. Angelicas Titten sind in dem kaum vorhandenen Bikini gut zu sehen und ihr Hals ist mit roten Flecken übersät.

Sie winkt ihnen aufgeregt zu. »Komm her. Ich will mit dir reden.«

Will schüttelt den Kopf, greift nach Patricks Arm und zieht ihn entschlossen auf das Gebäude zu. »Und schon ist die Entspannung dahin.«

»Deine Mutter hat diese Wirkung auf andere Menschen.«

»Ich frage mich, wo mein Vater ist.«

»Hoffen wir, dass wir es nicht herausfinden.«

Nachdem die Tür zu ihrer Suite geschlossen und hinter ihnen verriegelt ist, fällt Will auf das Sofa. »Bestell eine Menge Essen«, sagt er mit erschöpftem Blick. »Ich werde ein Nickerchen machen.«

Patrick prüft die Anzeige auf Wills Bildschirm, widerspricht ihm jedoch nicht. Es war ein langer, heißer, sexy Tag, und er ist ebenfalls müde. Sobald sie beide ein anständiges Essen und ein Nickerchen hatten, wird die Welt wieder ganz anders aussehen. »Ja, ich möchte drei Hamburger, zwei Portionen Zwiebelringe und Chicken Wings bestellen. Natürlich mit Ranch Dressing für die Wings. Wer würde das nicht wollen?« Er fährt mit ihrer Bestellung fort und seine Augen wandern dabei über Wills schlafendes Gesicht. Selbst schlafend lässt Will sein Herz höher schlagen. Patrick liebt dieses Gefühl, obwohl er sich über sich selbst wundert, dass er bereit ist, Emotionen für ein anderes Wesen zu riskieren. Sobald er bereitwillig sein Herz und sein Leben an ein Kind verschenkt, wird er es wohl auch beim Schlafen beobachten. Das ist eines dieser unerklärlichen Dinge über die Liebe, für die er dankbar ist, sie erfahren zu dürfen.

Kapitel 14

»Dr. McCloud, genau der Mann, den ich gesucht habe.«

Patrick verdreht die Augen. »Ich wollte lediglich in Vegas einen heißen Kerl ficken. Das ist alles, was ich wollte.« Er wendet sich an eine vorbeigehende Familie, deren Mutter die Kinder zum Pool führt, und sagt zu den Kleinen: »Konsequenzen sind real, Junge. Trinke nicht und lass dich dann nicht abschleppen.«

Die Frau wirft ihm einen besorgten Blick zu und scheucht ihre Kinder schneller vorwärts, als Tony Patrick einholt.

Patrick schüttelt die Tüte in seiner Hand, damit die gefrorenen Snickers-Riegel klappern, die er im Laden bei der Lobby geholt hat. »Mach schnell. Ich will nicht, dass Wills Snack schmilzt.« Auf Tonys Wangen erscheinen zwei Grübchen, als er lächelt. Patrick bemerkt einmal mehr, dass Wills Vater auf eine düstere Weise verdammt gut aussieht, und sein Schwanz zuckt verräterisch. Er wünscht sich, ehrlich sagen zu können, dass er nicht versteht, was Kimberly an diesem Mann findet, aber die Art, in der er puren Sex ausstrahlt, das dunkle, glänzende Haar, diese weißen Zähne und die haselnussbraunen Augen, ist kaum zu übersehen.

»Du und ich haben was zu klären.«

»Nein«, sagt Patrick und wendet Tony den Rücken zu. »Ich habe es dir an Weihnachten gesagt und als du das letzte Mal in Healing warst, um Kimberly zu dissen: Ich habe kein Interesse an einem kriminellen Leben. Danke. Bye.«

Tony kichert. »Nein, das meine ich nicht. Diesmal nicht. Ich rede von der Situation mit Will.«

Patrick seufzt schwer. »Was ist mit Will? Er ist glücklich, gesund und weniger wahnsinnig als ihr alle zusammen. Was willst du mehr?« Er erinnert sich an vergangene Drohungen und versteckt vorsichtshalber die Hände. »Und lass meine Finger aus dem Spiel.«

Tony drückt freundschaftlich seine Schulter. »Es würde mir nicht im Traum einfallen, diesen talentierten Fingern Schaden zuzufügen. Nicht solange mein Sohn, wie du sagst, glücklich, gesund und … trocken ist. Er ist doch trocken?«

»Ja.«

»Bist du sicher?«

»Du nicht?«, giftet Patrick zurück. »Deine Schläger lungern wieder in Healing herum. Sie hätten doch bemerkt, wenn Will die Bars stürmt. Vor allem, weil sie selber dort ihre Abende verbringen, wie ich glaube. Wenn sie nicht gerade im Puff beschäftigt sind.«

»Escortservice«, korrigiert Tony.

»Wie auch immer.«

Eine andere Familie eilt an ihnen vorbei, der Vater hält die Hände über die Ohren seiner Tochter und starrt sie böse an. Offensichtlich ist das keine Unterhaltung, die man in der Öffentlichkeit führen sollte, aber wenige seiner Unterhaltungen sind dafür geeignet: Entweder möchte niemand etwas über Gehirne hören, weil der Ekelfaktor recht hoch ist, oder Gespräche über Sex wegen des TMI-Faktors führen. Nach Patricks Meinung ist das das Problem der anderen, nicht seines.

»Gerüchten zufolge hat das Leben von Wills Ex eine Wendung zum Schlechteren genommen, und mein Sohn übernimmt die Rechnung dafür.«

»Nein, *ich* bezahle die Rechnung.« Patrick reibt sich den Nasenrücken. Vom Sonnenbrand des Vortags ist seine Nase immer noch empfindlich. Zum Glück ist es nicht so schlimm, dass sie sich abpellt, aber ihre Flitterwochen sind noch nicht vorbei.

»Und warum solltest du so etwas tun?« Tony neigt den Kopf, in seinen Augen flackert echte Neugier.

»Ich muss mich dir nicht erklären.«

»Nein, das erwarte ich auch nicht.« Tony runzelt die Stirn. »Ich mag die Vorstellung nicht, dass dieser Mann, ein Mann, der meinen Sohn verletzt hat …«

»Woran du nicht ganz unschuldig bist.«

»… eine derart königliche Behandlung erhält.«

»Du hättest es lieber, wenn er leidet?«

»Du nicht?«, fragt Tony verschlagen und legt ihm einen Arm um die Schultern. »Rache für alles, was er Will angetan hat. Für all die Schmerzen und Verletzungen, die er ihm zugefügt hat.«

»Nein. Ich bin kein Soziopath.« Er schiebt den Arm weg. »Lass mich das mal zusammenfassen: Du bist heute Nacht hierhergekommen und hast Kimberly und deine geile Braut allein gelassen, um mich über Ryan Whiteheads medizinische Betreuung ins Kreuzverhör zu nehmen? Das ist doch Bullshit.«

Tony zuckt mit den Schultern. »Ich war unten im Laden, um Kondome zu kaufen. Es waren schließlich wilde Tage. Aber als ich dich ohne Will sah, entschloss ich mich, über ein paar Dinge allein mit dir zu reden. Der nächste Punkt ist nämlich Wills Beziehung zu seiner Mutter.«

»Sprich mit Will. Es geht um ihn und Kimber…« Patrick hebt seine Hand. »Vergiss es. Sprich nicht mit *ihm*. Du hast dich genug in unsere Flitterwochen eingemischt.«

»Das war nicht so schlimm, wie du es darstellst. Ihr hattet viel Zeit allein. Ich weiß es, weil ich selbst so beschäftigt war, dass ich kaum noch geradeaus gehen kann.«

»Dieses Gespräch ist beendet.«

»Nicht so schnell.«

Patrick starrt ihn an, ehe er sich abwendet. »Doch. Du hast nichts zu sagen, was mich interessiert.«

»Will und du solltest morgen Abend mit uns essen.«

»Nein.«

Tony lächelt gewinnend. »Es würde viel dazu beitragen, Kimberlys verletzte Gefühle zu besänftigen.«

»Kimberlys verletzte Gefüh…?« Patrick wischt sich mit der Hand über sein Gesicht. »Weißt du, was? Vergiss es. Geh zurück zu deiner kleinen Swingerparty für drei und lass mich und deinen Sohn in Ruhe.«

Erst als Patrick weggeht, fällt ihm ein, dass es wahrscheinlich nicht sonderlich klug ist, so mit einem mordenden Mafioso zu reden. Aber er zuckt mit den Schultern und schaut nicht einmal zurück. Denn wenn es eines gibt, das er von Tony Molinaro mit Sicherheit weiß, dann dass er es liebt, Kimberly Patterson zu ficken. Und wenn es etwas gibt, dessen er sich bei Kimberly Patterson absolut sicher ist, dann dass sie auf ihre eigene kranke Weise von Will besessen ist. Das bedeutet, dass Patrick vor den Molinaros sicher ist und nicht ermordet wird, solange Will mit ihm glücklich ist, und solange Kimberly nicht entscheidet, dass Patrick verschwinden muss. Wahrscheinlich. Es ist nicht wirklich wichtig. Er hat nicht vor, in Angst zu leben. Außerdem scheint Tony Molinaro es zu mögen, wenn Patrick ihn zurechtstutzt. Vielleicht weil es sonst niemand tut.

Will sitzt im Bett und liest, als Patrick mit der Tüte halb geschmolzener Snickers-Riegel wegen seines kleinen Überraschungsrendezvous mit Tony zurückkommt. Patrick legt die Tüte auf den Nachttisch und öffnet den Mund, um vorzuschlagen, mit den Süßigkeiten ein perverses Spiel zu treiben, denn die frische hawaiianische Meeresluft verleiht seinem Schwanz wieder die Ausdauer eines Teenagers. Ihm bleiben die Worte im Hals stecken.

Bäche rinnen über Wills Gesicht. Von der Brust aufwärts ist er knallrot, als würde er bereits eine Weile weinen.

»Was ist los?« Patrick stürzt zu ihm, schiebt seine Hände in Wills Haar und hebt seinen Kopf an. »Was ist passiert?«

»Ich hasse dieses Buch!«, sagt Will und wirft den dicken Roman auf den Boden. Seine Lippen beben. »Ich hasse es so sehr!«

Wills Bereitschaft, seine Gefühle auszudrücken, ist etwas, das Patrick bewundert, auch wenn er es manchmal äußerst verwirrend findet. Er genießt sein Vampirbuch, aber selbst wenn er etwas, das er liest, hasst, weint er nicht deswegen. Er holt tief Luft und versucht es zu akzeptieren. »Ich nehme an, A Little Life ist dann nicht der nächste große Schwulenroman.«

»Es ist so traurig.« Will presst die Lippen zusammen, beugt sich vor und schluchzt mit vor die Augen gehaltenen Händen. »Es ist so schrecklich traurig.«

Patrick steht ohnehin nicht wirklich auf Literatur und zieht es vor, sich in seiner wenigen Freizeit auch wirklich zu amüsieren, aber er hat schließlich das College besucht. Er hat *The City* und *The Pillar* gelesen und zu viele miserable Schwulenfilme gesehen. Er weiß Bescheid. »Sind nicht alle großen Schwulengeschichten traurig?«

»Nein!«

Er überlegt. »Ich meine, jemand muss sterben oder Selbstmord begehen, sonst gibt es keine große, wichtige Lektion fürs Leben, richtig?«

»Stopp.«

Patrick tätschelt ihm unbeholfen den Rücken. »Willst du es mir erzählen?« Irgendwie hofft er, dass Will es nicht tut, aber er wird zuhören, wenn er sich dadurch besser fühlt. Allerdings vermutet et, dass alles, was er dazu zu sagen hat, nicht sonderlich tröstlich ist.

»Es ist zu traurig, um darüber zu reden.«

»Okay.« Erleichterung durchströmt ihn. Somit kann er Will einfach nur festhalten, und das macht alles auf eine ganz eigene Art besser. Zumindest ist es normalerweise so.

Aber als Will sicher in seinen Armen liegt und sich in umgekehrter Schlafposition gegen seine Brust lehnt, fängt er erneut an, über das Buch zu sprechen. Er umreißt die Handlung und sagt: »Und dann habe ich vorwärtsgeblättert, weil es schließlich besser werden musste, richtig? Richtig?« Er greift nach Patrick. »Es wurde nicht besser. Es kam noch schlimmer.«

»Klingt nach einem schlechten Buch.«

»Einerseits ist es unglaublich, aber andererseits … In Bezug auf Missbrauch und die Art und Weise, wie ein junger Mensch dazu getrieben wird, Dinge zu tun, die er nie will.« Er schluckt hart und reibt seine Wange an Patricks Hemd. »Ich musste über dich und den Mann nachdenken, der …« Seine Stimme bricht.

Patrick erschaudert. Er will nur vergessen.

»Und es erinnerte mich daran, was zwischen Ryan und mir passiert ist. Und ich musste auch an andere Leute denken.«

Patrick sagt nichts, sondern streichelt einfach Wills Rücken. Das Leben ist hart und vielleicht ist es selbstsüchtig und dumm, ein Kind zu involvieren. Aber er kann gar nicht anders als zu glauben, dass Will und er es irgendwie schaffen werden. Vielleicht hat ihn die Liebe optimistisch gemacht. Er hofft nicht.

»Warum ist es so leicht, jemanden zu brechen, Patrick? Wie kann es so einfach sein, einen Menschen zu nehmen und ihn zu vernichten?«

Er hat das Gefühl, dass es sich um eine rhetorische Frage handelt. Er wird besser darin, so etwas zu erkennen. Normalerweise hat er jede Frage beantwortet, die Will ihm gestellt hat, aber es hat sich herausgestellt, dass Will auf manche Fragen gar keine Antworten will. Vor allem nicht Patricks Antworten. Stattdessen küsst er Wills Kopf.

»Missbrauch kann jeden treffen.« Seine Stimme klingt rau und gequält. »Auch jemanden, der stolz und stark ist. Jemand wie Hartley.«

»Ah.«

Natürlich hat Will Ryan und Hartley nicht vergessen. Caitlins Erwähnung von Ryan weckt alle möglichen Erinnerungen und Gefühle, und auf Hochzeitsreise zu sein, löscht das alles nicht unbedingt aus. Natürlich hat der Missbrauch, über den er in dem Buch gelesen hat, alles wieder an die Oberfläche gebracht.

»Es tut mir leid«, flüstert Will. »Ich sollte nicht wegen Ryan traurig sein. Er war schrecklich zu mir und …«

»Es ist in Ordnung.« Patrick streichelt seine Wange.

»Ist es das?«

»Ja.« Er räuspert sich. »Außerdem habe ich in der Onlineausgabe des Brautmagazins gelesen, dass Bräute normalerweise auf ihrer Hochzeitsreise weinen. Das ist eine Tatsache.«

»Ich bin nicht die Braut«, widerspricht Will, lacht schniefend und piekt Patrick in den Bauch. »*Du* bist die Braut.«

»Wir können beide die Braut sein.« Er reibt Wills Schulter. »Wenn Lesben das können, können wir es auch.«

Will verpasst ihm einen spielerischen Klaps. »Patrick?«

»Hm?«

»Halt die Klappe.«

Sie küssen sich lange und halten aneinander fest. Ihre Leidenschaft erwacht allmählich und schließlich ficken sie wieder. Diesmal mit dem Spielzeug, damit Patrick die Traurigkeit aus Will verjagen kann, ohne ihn zu verletzen. Als es vorbei ist, halten sie sich einmal mehr fest und Will heult noch ein bisschen. Patrick lässt ihn, weil es das Einzige ist, was er tun kann. Keine Logik der Welt hält Will davon ab, sich um das Arschloch zu sorgen, das ihn jahrelang missbraucht hat. Er hat das früher schon versucht. Es hat nicht funktioniert. Liebe ist manchmal seltsam. Gerade er sollte das wissen. Er wird mit Will zusammen ein Baby haben und es in die verrückteste Familie aller Zeiten bringen. Vielleicht sollte der Kinderschutzbund eingreifen, bevor sie damit überhaupt anfangen.

Als Will sich beruhigt, essen sie die geschmolzenen Überreste der Snickers-Riegel inmitten des zerwühlten Lakens. Von den frischen Tränen und einem noch frischeren Orgasmus erledigt, bleibt Will so lange Zeit still, dass ein Schauder über Patricks verschwitzte Haut fährt. »Bist du okay?«, fragt er schließlich.

»Mir dir? Ja.« Will seufzt. »Mit meiner Vergangenheit? Nein. Ich kann noch immer nicht glauben, dass der Ryan, den ich geliebt habe, nun der Ryan ist, der stirbt.«

»Ich weiß.«

»Warum tut es weh? Jetzt liebe ich *dich* doch. Ich liebe ihn nicht mehr, oder? Warum tut es weh, daran zu denken, dass er stirbt, und Hartley so loyal zu ihm ist, obwohl er so kaputt ist? Vielleicht hätte ich ihn besuchen sollen.«

»Willst du ihn jetzt besuchen?« Patrick wischt ihm eine Strähne aus der Stirn.

»Nein. Ich möchte ihn niemals wiedersehen. Ich dachte nur nicht, dass die Art, wie wir es beendet haben, wirklich die Art ist, mit der alles endet.«

»Du könntest ihn anrufen.«

»Du willst nicht wirklich, dass ich das tue.«

»Nein, aber wenn es dir hilft …«

Will schüttelt den Kopf. »Manchmal läuft es im Leben beschissen. Nicht alles ist mit einer Schleife versehen und mit einem Lächeln und Vergebung umwickelt.«

»Stimmt.«

Wills Blick wird wieder traurig und geht ins Leere. »All das lässt mich darüber nachdenken, ob es wirklich eine gute Idee ist, einen anderen Menschen in diese Welt oder unser Leben zu holen.«

Patrick schürzt die Lippen und sagt schließlich: »Ich würde lügen, wenn ich sagen würde, ich hätte nicht die gleichen Gedanken.«

»Wenn wir uns für eine Adoption entscheiden, bekommen wir ein Kind, das bereits auf der Welt ist.

Wir setzen keines extra in unser Chaos.« Will sieht ihn hoffnungsvoll an.

»Aber wenn ich an unser Kind denke, stelle ich mir vor, dass es wie du aussieht«, gesteht Patrick.

»Und ich stelle mir vor, dass es nach *dir* kommt.«

Er lacht. »Nein. In meiner Familie gibt es Alkoholismus, ich habe eine autistische Störung und meine Haut verbrennt in der Sonne. Es sollte wie du sein.«

»Ich bin Alkoholiker mit Typ-1-Diabetes und meine ganze Familie ist verrückt. Es sollte nach *dir* kommen.«

»Vielleicht doch eine Adoption«, meint Patrick.

»Oder vielleicht verrühren wir unser Sperma in einer Petrischale und lassen das Schicksal entscheiden.«

»Klingt spaßig.« Patrick räuspert sich. »Apropos Spaß, ich habe deinen Vater getroffen. Er möchte, dass wir morgen mit ihm zu Abend essen.«

»Nein. Auf gar keinen Fall.«

»Gut. Dann sind wir uns einig.«

Will zieht Patrick an sich und atmet ihm süß und schokoladig ins Ohr. »Ich möchte morgen früh vor Sonnenaufgang nach Kauai aufbrechen. Ich weiß, dass das nicht der Plan war, und ich weiß, dass ich gesagt habe, ich möchte hierblieben, aber meine Eltern sind offensichtlich wild entschlossen, mich in den Wahnsinn zu treiben.«

»Da stimme ich zu.« Patrick schmiegt sich sanft an ihn. Er liebt es, wie Will nach dem Sex riecht: erdig und nach seinem Sperma. »Und ich verspreche dir, die nächsten Flitterwochen werden völlig anders. Zum Beispiel könnten wir den Winter über in der Antarktis verbringen, wenn keine Flugzeuge landen oder abheben können. Wo es dann nur eine Menge Wissenschaftler gibt, mit denen ich fachsimpeln kann, und süße Pinguine, die du beobachten kannst, Puddin' Pop.«

»Klingt perfekt.«

»Dann steht der Plan.«

Will lacht und verdreht die Augen. Seine Traurigkeit ist verflogen.

Patrick beschließt, Wills elendes Buch noch vor dem Morgen wegzuwerfen. Wenn er etwas zum Lesen braucht, kann er sich sein fantastisches Vampirbuch ausleihen. Jenny hatte recht: Es ist höllisch heiß und absolut lächerlich. Es hat sogar einen schwulen Vampir. Die perfekte Urlaubslektüre.

Was die Flitterwochen betrifft, so weiß Patrick, dass sie trotz seiner Planung und Bemühungen nicht die romantischsten der Geschichte sind. Dennoch würde er mit niemand anderes auf der Welt auf Hochzeitsreise sein wollen. Immerhin ist er nur wegen seiner furchtbar intensiven Liebe zu Will verheiratet. Patrick schätzt, dass er zufrieden ist. Es hätte schlimmer kommen können. Er wagt es zwar nicht, sich vorzustellen, wie, aber er weiß, dass es schlimmer sein könnte. Zumindest hatten sie zwischen den Tagen mit dem Chaos von Wills Eltern auch Tage, an denen sie ficken und sich entspannen konnten. Irgendwann werden sie darüber lachen. Wahrscheinlich.

Will küsst ihn und kuschelt sich an.

Patrick schläft mit einem Lächeln auf den Lippen und einem warmen Gefühl der Zufriedenheit ein. Ja, es hätte so viel schlimmer sein können.

Kapitel 15

Sie schleichen sich morgens aus dem Resort, bringen den gemieteten Porsche zurück und chartern einen Privatjet nach Kauai, während die Sonne am Horizont aufgeht. Es tut Will leid, sich von der Großen Insel verabschieden zu müssen, obwohl noch so viel auf ihrer To-do-Liste steht, aber Patrick zuckt nur mit den Schultern, während sie darauf warten, dass ihr Pilot das Flugzeug startbereit macht.

»Es ist nicht so, als könnten wir nicht zurückkommen. Wir werden vor der Kleinen flüchten wollen, sobald wir sie haben.«

»Ein Mädchen?«

»Vermutlich. Dein Sperma zeugt Mädchen«, sagt Patrick und zieht eine kleine Tüte Chips und eine Flasche Wasser aus seiner Tasche. Dann wirft er sich eine Beruhigungstablette in den Mund und schluckt sie zusammen mit einem der Chips.

»Was? Das ist absurd.«

»Zucker und Gewürze ergeben etwas Süßes. Dein Sperma macht ein Mädchen. Vertrau mir. Meins zeugt einen wirklich wütenden kleinen Jungen.«

»Manchmal kann ich nicht glauben, dass du Arzt bist.«

»Ärzte dürfen auch an unlogische Dinge glauben. Das Vorrecht eines Genies.«

Will verdreht die Augen, schließt jedoch seinen Sicherheitsgurt, ohne zu argumentieren, dass Patricks Sperma die vernünftigere Wahl wäre oder dass Patrick ihm in tausend Jahren nicht erlauben würde, an unlogische Dinge zu glauben. Sie haben später Zeit, darüber zu diskutieren.

»Entschuldigung für die Verspätung«, sagt der knapp lächelnde Pilot, als er an Bord kommt. Seine dunklen Haare sind zerzaust und die Augen glücklich funkelnd. »Wir werden in Kürze starten.«

Der Flug ist ereignislos, aber wunderschön. Will kann seine Augen nicht vom Farbenspiel auf dem Wasser abwenden, während die Sonne immer höher am Himmel steigt. Patrick schläft ein und schnarcht entzückend mit seinem Kopf auf Wills Schulter.

Nachdem sie gelandet sind, mieten sie einen Wagen und fahren zur Nordseite der Insel. Während sie darauf warten, dass ihnen ihr Zimmer bereitet wird, trinken sie frisch gepressten Saft auf der Veranda des neuen Nobelhotels.

»Wir sind frei!«, sagt Patrick und hebt sein Glas, um der Aussicht zuzuprosten.

»Klopf auf Holz«, erwidert Will. »Verschrei es nicht.«

»Wir müssen die verbleibende Zeit nutzen. Was würdest du hier am liebsten machen?«

»Nicht viel. Ich möchte ein paar Sehenswürdigkeiten besuchen, am Strand des Hotels spazieren gehen, gutes Essen genießen und einfach mit dir zusammen sein.«

»Das klingt einfach.«

»Ich bin leicht zufriedenzustellen, wirklich.«

»Das habe ich im Laufe der Jahre mitbekommen. Du solltest mehr erwarten.«

Will zuckt nur mit den Schultern. Sie trinken ihre Säfte aus und lauschen dabei dem morgendlichen Gezwitscher der Vögel.

Endlich in ihrem herrlich eingerichteten Zimmer angekommen, machen sie ein paar Stunden lang ein Schläfchen und halten sich dabei auf dem kühlen Laken fest.

Als sie am frühen Nachmittag aufwachen, schicken sie Jenny eine SMS, um ihr mitzuteilen, wo sie sie bei einem echten Notfall erreichen kann, und lassen sie absolute Verschwiegenheit über ihren Aufenthaltsort schwören.

»Na, was möchtest du als Nächstes unternehmen, Puddin' Pop?«

Was folgt, sind drei Tage voller Spaß. Kein Drama zieht sie runter. Es erscheinen keine unerwünschten Gäste. Sie entspannen und lesen, plaudern und lachen, schwimmen und erkunden die Nordseite der Insel. Sie sprechen über Babys und wie man sie macht. Sie lieben sich jeden Tag. Und sie schlafen jede Nacht tief und fest. Das ist alles und noch mehr, was sich Will je von einer Hochzeitsreise gewünscht hat.

Am Ende ihres letzten Tages auf Kauai setzen sie sich an einen Tisch in der schönen Open-Air-Bar des Hotels, um Limonaden zu trinken, den Sonnenuntergang zu beobachten und sich der Realität zu stellen, dass ihr Urlaub zu Ende ist. Die Bar ist fast leer, abgesehen von einem anderen Paar, das zu Abend isst und sich leise unterhält, und ein paar Kellner und Barkeeper. Im frühen Abendlicht erscheinen alle sonnenverwöhnt und verträumt.

Will lässt seinen Blick zwischen der Stelle, an der die Sonne versinkt, und Patricks rotbraunem Haar, das im schwindenden Licht rot und blond leuchtet, hin und her schweifen. Ihr Schweigen ist friedlich. Die sanfte Musik, die Rufe der Vögel und das leise Summen der Gespräche der Bediensteten heben Wills Stimmung noch weiter an.

»Es ist sinnlos, es noch länger aufzuschieben«, sagt Patrick schließlich und zieht sein Handy aus der Tasche seiner weißen Shorts. »Bist du bereit?«

Will schüttelt den Kopf. Er will die schöne Blase, in der sie bis jetzt gelebt haben, nicht platzen lassen. »Nur noch ein paar Minuten. Dann können wir es machen.«

Patrick legt das Handy vor ihnen auf den Tisch und wartet pflichtbewusst.

Schließlich, nachdem die Sonne vom Meer verschluckt wurde und sie beide noch zwei Limonaden hatten, holt Will sein Handy heraus und gibt Patrick den Startschuss. Er erschaudert, als ihre Handys wegen Dutzender Nachrichten piepsen. Will sieht eintreffende SMS von Owen, Caitlin, Kevin, eine von Olivia, ein paar von seiner Mutter und einige von seinem Vater, bevor sie von Nachrichten von Good Works und alten Wetterwarnungen verdrängt werden. »Ich weiß nicht, wo ich anfangen soll.« Will entscheidet sich, die SMS von Olivia zuerst zu öffnen für den Fall, dass seine jüngste Schwester ihn braucht.

Connor hat meine Armeestiefel geklaut und sie angezogen, um in den Bach auf der Farm zu steigen. Sie steckten im Schlamm fest und er ließ sie einfach dort. Jetzt kann ich sie nicht finden, und selbst wenn ich es könnte, sind sie wahrscheinlich ruiniert. Ich hasse ihn.

Okay, nicht unbedingt toll, aber kein Notfall. Das kann warten. Als Nächstes scrollt er zu Caitlins Nachricht.

Patrick unterbricht ihn, bevor er sie lesen kann. »Gute Neuigkeiten. Jenny sagt, sie hat Tom zum Teufel gejagt.«

»Und Jax?«

»Sie hat ihn angefleht, ihr zu vergeben.«

»Hat er sie zurückgenommen?«

»Schaut so aus.«

»Sag ihr, sie soll es nicht noch einmal vermasseln«, sagt Will und überfliegt Caitlins Mitteilung über die Schule, ihren Schlafsaal und ihren Entschluss, einer Studentenverbindung beizutreten.

Patrick nickt und tippt seine Antwort. »Wie schön. Das Krankenhaus hat tatsächlich meine Anweisung, mir keine SMS zu schicken, befolgt, so schockierend das auch ist. Ich habe ein paar Nachrichten von deiner Mutter, in denen sie mir vorwirft, ihre Reise ruiniert zu haben, weil wir abgehauen sind, ohne vorher mit ihr zu reden. Die würdige ich keiner Antwort. Damit bin ich fertig. Ich werde kein weiteres Engagement in der Außenwelt riskieren.« Er schaltet sein Handy aus.

Will antwortet Caitlin und bietet ihr an, die Kosten für alles zu übernehmen, was sie vergessen hat oder was sie braucht.

»Wie Verhütungsmittel«, witzelt Patrick, der über Wills Schulter hinweg mitliest.

Will runzelt die Stirn. Aber dann fügt er einen Satz über Verhütung hinzu und dass er ihr auch die Pille bezahlt, wenn sie sie nehmen will. Aus Kevins Texten schließt er, dass seine Mutter von ihrem Ausflug, um seinen Vater zu treffen, noch nicht zurückgekehrt ist, aber nichts an Kevins Anliegen scheint dringend zu sein. Trotzdem schreibt er seinem Onkel eine SMS mit ihrer voraussichtlichen Ankunftszeit am nächsten Tag. Er ignoriert die Texte von Good Works, denn Owen hat sicher alles unter Kontrolle. Und wenn nicht, kann Will warten, bis er wieder in Healing ist, um alles zu erledigen. Dann öffnet er mit halb zusammengekniffenen Augen die SMS-Flut seiner Mutter. Rasch schreibt er ihr, dass sie morgen Hawaii verlassen werden und er sie in Healing sehen wird. »Das sollte reichen.«

»Schnell, schalt das Handy aus, bevor sie antworten kann«, drängt Patrick ihn.

Ehe er dazu kommt, piept sein Handy durch eine Nachricht von seinem Onkel Kevin.

Ich hasse es, der Überbringer schlechter Nachrichten zu sein, aber du sollst wissen, dass Ryan gestern Abend gestorben ist.

Wills Mund wird schlagartig trocken, kalte Schauder laufen ihm über den Rücken, ein Kloß setzt sich in seinem Hals fest. Die Welt um ihn herum pfeift in einem Windkanal des Schocks.

Patrick nimmt ihm das Handy aus der Hand, und Will bemerkt, dass er eine lange Zeit regungslos auf die Nachricht gestarrt hat. Einen Augenblick später schaltet Patrick das Handy aus und greift nach seiner Hand. »Lass uns von hier verschwinden.«

Will nickt.

Aus dem Augenwinkel heraus sieht er, wie Patrick einem Kellner winkt. »Bringen Sie das bitte in unser Zimmer.« Dann nimmt er Wills Arm und zieht ihn sachte hoch. »Komm mit, Puddin' Pop.« Seine Stimme ist rau. »Lass uns einen Spaziergang zum Strand machen.«

Will stolpert mehrmals auf dem Weg, der von blühenden Büschen gesäumt zum leeren Sandstrand führt. Der Sand ist immer noch mit Spuren früherer Strandbesucher übersät. Jeder scheint sich für den Abend in sein Zimmer oder das Hotelrestaurant zurückgezogen zu haben, und Will ist dankbar dafür. Er hasst es, wenn ihn eine Gruppe fremder Menschen weinen sieht, und ihr geräumiges und wunderschönes Zimmer fühlt sich zu beengt an, um all seine Gefühle unterzubringen, die ihn überwältigen. Gefühle, die sich nicht einmal so anfühlen, als würden sie in seinen Körper passen. Sie stürzen auf ihn wie Wasser auf Felsen und zerren an ihm wie Wellen an Sand. Der Ozean atmet seinen Schmerz ein, hält ihn fest und spuckt ihn dann wieder aus. »Es sollte nicht so wehtun«, sagt er schließlich. »Es sollte nicht einmal eine Rolle spielen.«

»Mach dich nicht lächerlich.« Patrick zieht ihn zu sich, damit er sich in der Nähe eines dunkel umrissenen Felsens in den Sand setzt. »Natürlich sollte es eine Rolle spielen. Du hast ihn geliebt. Er war ein großer Teil deines Lebens, egal was geschehen ist, und du bist ein zu guter Mensch, um zu wollen, dass er so endet.«

»Ich wollte, dass er glücklich ist. Das ist alles, was ich je für ihn gewollt habe. Deshalb habe ich ihn mich so behandeln lassen. Ich wollte nie, dass er unglücklich stirbt.« Er wischt sich die Tränen von den Wangen. »Und ich hasse es, dass er gestorben ist und dabei noch jemanden verletzt hat.«

Patrick reibt Wills Rücken und seine Hand beruhigend. »Sollen wir Infos über die Beerdigung einholen?«

»Nein.« Will schüttelt den Kopf, Tränen tropfen ihm vom Kinn und heiß und unerwartet auf seine nackten Knie. Er schüttelt sich die Flipflops von den Füßen und vergräbt die Zehen im rauen gelben Sand. Schweigend starrt er auf die rollenden Wellen, dankbar dafür, dass Patrick ebenfalls nichts sagt. Seine Hand an seinem Rücken ist genau das Gegengewicht, das er braucht, um nicht zusammenzubrechen. »Ich hätte jetzt wirklich gern einen Drink«, sagt Will. »Mehr als ich seit langer Zeit einen wollte.«

Patrick sagt noch immer nichts. Er streicht nur langsam über seinen Rücken. Sie sitzen zusammen und beobachten, wie der Mond aufgeht.

Will schließt die Augen, weitere Tränen laufen über sein Gesicht. Wortlos lehnt er sich an Patrick, schluchzt schließlich und lässt sich umkippen, um seinen Kopf auf Patricks Schoß zu betten.

Patrick fährt ihm mit den Fingern durch die Haare. Der Mond geht weiter auf.

Endlich versiegen Wills Tränen. Er wischt sich mit dem Saum von Patricks Hemd die Augen ab. »Ich bin bereit«, flüstert er, erhebt sich und streckt die Hand aus, um Patrick beim Aufstehen zu helfen. »Es ist längst an der Zeit, sich von Ryan zu verabschieden.«

Patrick bleibt still und sie gehen Hand in Hand in ihr Zimmer, wo sie duschen, bevor sie ins Bett steigen, um sich in den Armen des jeweils anderen einzukuscheln.

»Ich möchte Hartley helfen«, sagt Will, während er durch Patricks Haare krault.

»Wenn er deine Hilfe annimmt, ist das für mich in Ordnung.«

»Und wenn er es nicht tut?«

»Dann kannst du nicht viel tun. Er hat eine Menge durchgemacht.«

»Ja.« Will schluckt schwer und drückt sich enger an Patrick. »Ich schulde dir so viel, weil du mir die Augen dafür geöffnet hast, wie sich echte Liebe anfühlt.«

»Dito.«

Will lächelt, sein Herz schmerzt vor bittersüßen Gefühlen. »Hartley verdient es ebenfalls, echte Liebe kennenzulernen.«

»Hast du vor, es ihm zu zeigen?«

»Nein.«

»Dann kannst du auch nicht viel tun. Lass Hartley seinen eigenen Weg finden. Er ist stark.«

»Er ist gebrochen worden.«

Patrick küsst Wills Brust und reibt seine Wange an seinem Brusthaar. »Nein, er ist stark. Das war Ryans Typ. Je stärker, desto besser. Umso mehr Spaß macht es, jemanden zu brechen.«

Will erinnert sich an den stolzen Hartley, den er einmal gekannt hat, und muss Patrick zustimmen. »Ich möchte trotzdem für ihn da sein.«

»Gut. Aber wenn er dir den Kopf abreißt, sag nicht, ich hätte dich nicht gewarnt.«

»Kannst du mich vergessen lassen?«

Patrick schiebt seine Hand in Wills Schritt. »So etwa?«

»Nein«, murmelt Will und hebt Patricks Kopf für einen Kuss an. »So.«

Sie küssen sich lange und süß. Schließlich, als ihre Lippen wund und geschwollen sind, reiben sie sich so lange aneinander, bis sie kommen. Das reicht, um Will schläfrig und bereit für die Nacht zu machen.

Patrick wischt sich ab, überprüft Wills Gerät und nimmt dann seine Schlafposition ein: den Kopf auf Wills Brust, den Arm um seinen Bauch geschlungen. Das ist vertraut und beruhigend. Es ist richtig. »Schlaf gut, Puddin' Pop«, murmelt er und döst weg.

Will starrt den Mond vor dem Fenster des Hotelzimmers an. Er scheint auf die Wellen und beleuchtet die angenehme Dunkelheit ihres Zimmers. Am nächsten Morgen werden sie nach Hause fliegen und das Leben wird dort weitergehen, wo sie es verlassen haben. Es wird eine Familie geben, mit der man umgehen muss, es wird Arbeit zu erledigen geben und, in Patricks Fall, Patienten und Krankenschwestern, die geheilt und beleidigt werden müssen. Sie haben ihr Leben zu leben und ein zukünftiges Leben zu planen. Tränen dringen wieder an die Oberfläche, als ihm klar wird, dass alles so wertvoll und perfekt ist und von dem Mann verschwendet wurde, dem er vor Jahren sein Herz geschenkt hatte. Verschleudert und für immer verloren. Wie schrecklich, wie bedeutungslos, wie traurig.

»Schlaf«, flüstert Patrick. »Morgen wird immer noch alles da sein.«

Gehorsam schließt Will die Augen. Es dauert nicht lange, bis er in seine Träume versinkt. Glücklicherweise vergeht im Schlaf sein Kummer.

***

Am nächsten Morgen weiß Patrick, dass Will immer noch trauert, aber seine Schultern sind straff und das Kinn ist erhoben, als sie am Flughafen auf ihren Piloten warten, damit sie der Jet von Good Works nach Hause bringen kann.

»Nun, das waren nicht die Flitterwochen, die ich erwartet habe, aber ich kann nicht sagen, dass ich mich gelangweilt hätte«, meint Patrick und streckt die Hand aus.

Will nimmt sie und lächelt. Das Licht, das Patrick normalerweise in seinen Augen findet, leuchtet nicht so sehr wie üblich, aber es fehlt nicht ganz. »Ich auch.«

»Ich habe heute Morgen mein Handy eingeschaltet, als du noch geschlafen hast«, gesteht Patrick. »Ich habe ein paar Anrufe gemacht und ein paar Rechnungen bezahlt.«

»Ryans Begräbnis.«

Er nickt.

Wills Lippen beben, aber er schluckt und bekommt seine Gefühle in den Griff. »Ich liebe dich. Und du musstest das nicht machen.«

»Er ist ein Teil von dir, komme, was wolle.«

»Aber wir sollten Ryans Fehler nicht bereinigen. Ich habe das lange Zeit gemacht und die Schuld auf mich genommen und ihn finanziert.« Patrick beobachtet, wie sich Wills Augen weit öffnen. Jetzt hat er es begriffen. »Es geht nicht um Ryan. Es geht um Hartley.«

Patrick zuckt mit den Schultern. »Warum soll er sich Gedanken darum machen, wie er eine Beerdigung bezahlen soll, wenn er wahrscheinlich genug damit zu tun hat, sich zu überlegen, wie sein Leben weitergeht? Es stört mich nicht, mich um das alles zu kümmern.«

»Du bist so ein heimlicher Softie.«

Patrick runzelt die Stirn. »Nicht nach Ruby Lovells Meinung. Sie wurde gefeuert und ihre Schwesternlizenz wurde ihr entgezogen.« Er verengt die Augen und verschränkt die Arme. »Ein Glück, dass ich die los bin.«

Der Pilot gesellt sich auf dem Rollfeld zu ihnen und gemeinsam steigen sie in den Jet. Will nimmt seinen üblichen Platz am Fenster ein und Patrick schluckt seine Beruhigungstablette mit einem halben Truthahnsandwich, das der Pilot für ihn in die Kühltasche gelegt hat.

»Danke«, sagt Will leise, als Patrick einnickt. »Für diese Flitterwochen. Dafür, dass du mich in Vegas geheiratet hast. Dafür, dass du mich durch alles begleitest.«

Patrick ist noch wach genug, um zu antworten: »Sei kein Idiot. *Ich* bin derjenige, der dir danken sollte. Jetzt lass mich schlafen.«

Wills Lippen drücken weich auf Patricks Stirn und Patrick schläft ein, kurz nachdem das Flugzeug die Reiseflughöhe erreicht hat. Seine Träume sind voll von Gehirnen und Siegen, und er wacht auf, als sie landen, um in Los Angeles zu tanken.

Stunden später ist er endlich wieder zu Hause. Ihr Haus in Healing ist ein willkommener Anblick nach der endlosen Reise in einer Sardinenbüchse von Flugzeug und der Fahrt vom Flughafen. Es ist nach Mitternacht, aber sie sind beide hellwach, stecken in der Hawaiizeit fest und sind munter nach dem Schläfchen im Flugzeug.

»Nun, wir sind da«, sagt Will, lässt sein Gepäck auf den Küchenboden fallen und streckt die Arme aus. Er ist ein Chaos aus strubbeligen Haaren und von der Reise zerknitterten Shorts und zerknautschtem Hemd. »Trautes Heim, Glück allein.«

Patrick holt tief Luft. Die Haushälterin war da und die Küche riecht nach Lavendelreiniger und Zitronen, und er liebt es. »Zehn Tage ohne Social Media. Ich werde etwas Mais aufpoppen und mich so schnell wie möglich bei der Hurting Times einloggen.« Er reibt sich die Hände. »Nachschauen, was ich verpasst habe.«

Will lacht und wirft sich seine leichteste Tasche über die Schulter. »Tu das. Ich werde einige der Fotos von der Kamera auf meinen Laptop ziehen, damit ich sie Dinah schicken kann, worum sie mich gebeten hat.«

»Das war der einzige Nachteil daran, ohne Handy zu sein, oder?«, murmelt Patrick, schnappt sich eine Schüssel für das Popcorn und schiebt mit dem Fuß den

Rest des Gepäcks aus dem Weg. Auspacken können sie später.

»Ich fand es nicht schlimm, die Kamera zu benutzen. Ich denke, wir haben viel weniger Fotos gemacht, als wir es normalerweise getan hätten.«

»Gut, dass ich ein Genie mit eidetischem Gedächtnis bin.«

»Das behauptest du.«

Wie schnell sie einfach in alte Gewohnheiten zurückfallen, obwohl sich alles in Anbetracht der späten Stunde etwas unwirklich anfühlt.

Nachdem sie es sich beide mit ihren jeweiligen Bildschirmen auf der Couch bequem gemacht haben, schnappt sich Patrick eine Handvoll Popcorn und stopft es sich in den Mund, während er sich durch zehn Tage verpassten Tratsch aus Healing liest.

»Ach, nein, hör dir mal das von Jenny an.« Er stupst Will mit der Schulter an. »Das ist von dem Moment, als sie Tom rausgeworfen hat: 'Unser liebster blonder Herzensbrecher bricht wieder die Herzen. Diesmal tritt sie ihren Kindsvater in den Rinnstein, obwohl er versprochen hat zu bleiben. Es wird gemunkelt, dass sie die heiße Kaffeeliebe unseres liebsten Barista vermisst hat, nachdem sie die schrecklich uninspirierende Länge des Kindsvaters wiedergesehen hat'.« Patrick lacht, bis ihm Tränen in den Augen stehen.

»Ich glaube, du wirst morgen früh als Erstes bei Jenny anrufen.«

»Aber sicher. Ich muss alles über die Länge des Kindvaters wissen.« Er schnaubt und wischt sich durch die

Augen. »Heilige Scheiße, habe ich dir je gesagt, wie sehr ich es hier liebe?«

»Was?« Lachend stellt Will seinen Laptop beiseite. »Im Ernst? Bist du immer noch von diesen beruhigenden Medikamenten high?«

»Die machen mich doch nicht high. Nur entspannt. Ich liebe es wirklich hier. Es ist die absolut schmutzigste und dramatischste Stadt aller Zeiten, und ich liebe das. Nicht so sehr, wie ich *dich* liebe, aber …« Er wiehert wieder vor Lachen, sein Gesicht wird fleckig. »Es ist so schrecklich, dass es uns auf halbem Weg um die Welt folgt.«

»Und du bist immer noch davon überzeugt, hier ein Kind großzuziehen?«, fragt Will, als sich Patrick halbwegs beruhigt hat.

»Natürlich. Apropos, versuchen wir ein letztes Mal, selber eins zu machen?« Er wackelt mit den Augenbrauen. »Vielleicht haben wir es einfach nicht genug versucht.«

Will errötet, seine Augen leuchten. »Ich bin mir ziemlich sicher, dass ich dafür nicht die richtigen Körperteile habe.«

»Du weißt, was ich immer sage: Wenn es dir beim ersten Mal nicht gelingt, versuch es erneut.«

»Ich dachte, du sagst immer, dass ich ein großartiger Fick sei.«

»Das auch. Na komm, lass es uns beenden, wie wir es begonnen haben.« Patrick steht auf und zieht Will mit sich. »Mit deinem Schreien meines Namens.«

Als sie die Treppe zum Schlafzimmer hinaufgehen, flüstert Will: »Willst du wieder Superheld und Bösewicht spielen?«

»Nein.« Patrick küsst seine Wange, bevor er ihm ins Ohr flüstert: »Lass uns einfach Will und Patrick spielen.«

Ende

Danksagung

Vielen Dank an meine Gönner Sadie Sheffield, John McDonald und an alle wunderbaren Mitglieder meines Patreon, die mich inspirieren, unterstützen und beraten. Keira Andrews danke ich für die tolle Lektorarbeit, Robert Winter für seine Freundschaft und seinen Rat. Danke auch an die Fans von Will und Patrick, die einfach nicht genug bekommen können.

Über die Autorin

Die Autorin des Bestsellers *Smoky Mountain Dreams* und des Lieblings der Fans, *Training Season*, Leta Blake, hat einen professionellen Hintergrund in den Bereichen Psychologie und Finanzen. Ihre Leidenschaft war jedoch immer das Schreiben. Sie liebt es, Liebesgeschichten zu kreieren und die Psyche der erschaffenen Figuren zu erforschen. Zu Hause im Süden der USA arbeitet Leta daran, ein Gleichgewicht zwischen ihrer Arbeit, dem Schreiben und ihrer Familie herzustellen.

Leseprobe:

Simon Rhys Beck
Cornel und Leif 2:
Freundschaft plus

„Oh ja, Baby, bitte …"
„Was möchtest du, Süßer?" Leifs dunkle Stimme jagt mir einen Schauer über den Rücken bis in den Nacken hinauf.
„Ich … ich …"
„Sag, was du willst!"
Ich strecke meinen Arsch weiter nach oben. Ist doch wohl klar, was ich will. Halte mich mit beiden Händen an der Kommode fest und bettel mit nacktem Arsch um Prügel. Das ist so würdelos und so verdammt geil.
„Schlag mich, aber feste."
„Bitte? Warum so leise?"
Ich muss mich räuspern. „Ich will deinen Gürtel auf meinem Arsch spüren", sage ich deutlich.
„Guter Junge. Hast es dir hart erarbeitet, hm?"
Ich höre das Geräusch des Gürtels, Gott, verdammt, ich will es so sehr, ich brauch das. Und als das Leder mich trifft, ist es so weich, so soft wie … keine Ahnung! Enttäuscht heule ich auf. Warum macht er das? Will er er mich quälen?
„Leif, fester, komm schon …!"
Der Gürtel trifft mich erneut, es ist kaum mehr als ein Hauch. Als würde er mich mit Taschentüchern bewerfen. Ich werde noch bekloppt. Das kann doch nicht wahr sein.
„Leif, bitte … bitte … härter!"

Ich bin so verdammt hart und so geil, reibe mit dem Schwanz … hm … wogegen eigentlich? Leichte Verwirrung macht sich in mir breit.
„Cornel …“, höre ich Leifs Stimme. „Hey …“
Ich schlag die Augen auf, sehe Leifs Gesicht direkt vor mir. Und das verwirrt mich noch mehr. Es dauert noch viel länger, bis ich überhaupt kapiere, was gerade abgeht.
Oh nein! Nicht wirklich jetzt, oder? Ich verstecke mein Gesicht unter meinem Arm und höre, wie Leif anfängt zu lachen.
„Will ich wissen, was du gerade geträumt hast?“
Boah nee … ich lieg mit nacktem Arsch in Leifs Bett und schubber meinen Harten auf dem Bettlaken. Ganz großes Kino. Und vermutlich hab ich auch noch gelabert und gebettelt.
Leif findet das auf jeden Fall lustig.
Er schiebt meinen Arm beiseite und grinst mich an. „Das war richtig heiß, Schnuckelhase.“
Oh Scheiße, es wird immer schlimmer.
Ist ja nicht so, als hätte ich zu wenig Sex. Mit Leif hab ich richtig viel und richtig guten Sex. Warum ich dann im Traum auch noch so abgehen muss – keinen Schimmer. Wahrscheinlich bin ich total oversext … oder so.
Wenigstens hab ich nicht aufs Laken abgespritzt. Bin noch immer hart wie Sau. Trotz der peinlichen Nummer. Aber nee, is klar, peinliche Sachen törnen mich ja auch nicht ab. Dass Leif mich so aufgegeilt sieht, macht mich eher noch mehr an. Voll krank – aber egal.
Ich versuche mich an einem Welpenblick. Und Leif lacht wieder.

„Soll ich behilflich sein?“
„Ja … nein … doch!“
„Du willst etwas leiden, hm?“
Er hat es haargenau getroffen.
Leif schiebt sich zu mir, aber nicht, um meinen Schwanz anzufassen. Stattdessen fasst er nach meiner Schulter und rollt mich auf die Seite.
Er guckt sich den feuchten Fleck auf dem Laken an. „Mann, du warst echt so kurz davor, was?“
Ich nicke und meine Ohren sind so heiß, dass sie vermutlich bald zum Löten verwendet werden können. Nicht, dass ich das schon mal ausprobiert hätte.
„Wer hat dich denn so auf Touren gebracht?“
„Du“, sage ich sofort. „Du, *kocie*.“
Seine Hand gleitet über meinen Arm, meine Seite, bleibt kurz auf meinem Hüftknochen liegen. Und dann streift er mit den Fingerspitzen meinen Schwanz, genauso so verdammt soft wie die Schläge in meinem Traum.
Die Berührung ist sofort wieder vorbei.
„Wie wäre es mit Frühstück?“, fragt er und grinst mich an.
„Dein Ernst?“
„Wer hat denn immer so einen Mörderkohldampf?“
„Ja, ich natürlich. Aber ich hab auch ne Mörderlatte!“, sage ich vorwurfsvoll.
Leif lacht mich offen an. „Hopp, raus aus dem Bett.“
Ich kugel mich zum Bettrand und stehe tatsächlich auf. Und verdammt, ich bin nicht der einzige, der steht.
„Du bist so ein geiles Stück, Cornel Duric. Wahnsinn, echt.“
Ich fühle Leifs Blick auf mir.

„Und du siehst so fantastisch aus. Das macht mich total scharf."

Und ich *bin* schon scharf!

„Leif …"

„Ich nehme einen Toast – und ein Ei."

„Nimm meine, haste zwei."

„Später, versprochen, Polenjunge."

„Oh Mann, Leif", versuche ich noch mal mein Glück. Aber er scheucht mich aus dem Schlafzimmer und ich trolle mich erst ins Bad und dann in die Küche. Nackt, ist klar.